FLORIAN LÖWER

SÜSSES AUS DER KRÄUTER-KÜCHE

KUCHEN, DESSERTS
UND ANDERE KÖSTLICHKEITEN

FOTOGRAFIE & GESTALTUNG:
MATHIAS NEUBAUER

edition styria

aromatische Kräuter beleben die Sinne

Für feine Kuchen, Torten, Gebäck und leckere Nachspeisen eignen sich sehr viele Kräuter. Allen voran jene, die ein zitroniges oder allgemein fruchtiges Aroma haben: Zitronengras, Zitronenstrauch, Zitronenmelisse, Orangenthymian, Zitronenthymian usw. Der Fantasie sind hierbei fast keine Grenzen gesetzt. Kräuter mit knoblauchartigem Aroma harmonieren allerdings weniger mit süßen Köstlichkeiten.

Wenn Sie einen Balkon oder Garten oder auch nur eine sonnige, breite Fensterbank haben, können Sie selbst viele Kräuter ziehen oder fertige Kräutertöpfe kaufen und liebevoll pflegen. Heute bieten gute Gärtnereibetriebe, aber auch Wochenmärkte und einige Supermärkte verschiedene Kräuter an. Natürlich gibt es auch die Möglichkeit, Samentütchen zu kaufen und die Kräuter selbst im Topf, im Blumenkasten oder Garten zu ziehen. Besonders dekorativ sind Terracottatöpfe mit verschiedenen Pflanzöffnungen, ähnlich wie Erdbeertöpfe. Im Internet kann man heute auch seltene oder exotische Samen leicht beziehen, wenn man die gewünschten Pflänzchen nicht in der nächsten Gärtnerei bekommt. Fragen Sie aber ruhig Ihren Gärtner nach Kräutern, die Sie gern hätten, und lassen Sie sich beraten.

Frische, selbst geerntete Kräuter haben ein köstliches Aroma. Und wenn Sie ein Stückchen sonnige Erde besitzen, sei es auch nur ein Vorgärtchen, dann können Sie zum Beispiel mit Thymian einen wahren Duftteppich anlegen, der auch noch pflegeleicht ist. Die Blüten werden Bienen anziehen und Ihnen lange Freude bereiten.

Viele Kräuter können Sie auch selbst trocknen, um sie in der kalten Jahreszeit verwenden zu können. Pfefferminze, Salbei, Rosmarin und Thymian eignen sich gut. Und da Kräuter auch eine heilende Wirkung haben, können Sie die getrockneten Kräuter in der Erkältungszeit für aromatische Tees oder andere Getränke verwenden. Doch in diesem Buch geht es in erster Linie um den süßen Genuss mit Kräutern, der Sie in Hochstimmung versetzen wird.

Für die süßen Kreationen in diesem Buch verwendet Florian Löwer verschiedene Schokoladen und Kuvertüren. Er nennt jeweils den prozentualen Kakaoanteil. Diese Schokoladen und Kuvertüren bekommen Sie bei Ihrem Konditor, können Sie aber auch im Internet bei verschiedenen Firmen bestellen. Es versteht sich von selbst, dass der Geschmack von der Qualität des Produkts abhängt. Sparen Sie wenn möglich nicht bei diesem Grundprodukt, verwenden Sie hochwertige Produkte.

Florian Löwer ist ein wahrer Kräuter-Konditorkünstler, der Sie staunen macht, weil seine Rezepte so originell und fantasievoll erdacht und natürlich alle in jahrelanger Praxis erprobt und verfeinert wurden. Mit der »Torte von Bayerischer Creme mit Karamell und in Honig gebratenen Rosmarin-Aprikosen« hat er 2006 den 3. Platz bei den Weltmeisterschaften gewonnen. Dieses köstliche Rezept gibt er uns so wieder, dass es uns Nicht-Konditoren gelingt, diese fantastische Torte nachzubacken.

Löwers Rezeptsammlung ist sehr vielseitig, bietet er uns doch neben wunderbaren Kuchen, Torten und Gebäck auch erfrischende Getränke, Pralinen, luftige Cremes und allerlei überraschende Kräuterkreationen.

Seine Grundrezepte für Tortenböden, Cremes und andere Leckereien können Sie vielseitig verwenden, selbst variieren und kombinieren, je nach Jahreszeit und Frucht- oder Kräuterangebot.

Lassen Sie sich von Florian Löwers Rezepten und von Mathias Neubauers wunderbaren Fotos verführen.

Ich wünsche Ihnen mit diesem Buch viel Freude!
MARIA VERDE

der süsse inhalt ...

FLORIAN LÖWER

Konditormeister & Koch
Deutscher Meister der Konditoren
3. Platz Weltmeisterschaft 2006

Wir müssen uns wundern,
dass einige Sachverständige auf so viele
wild wachsende oder auch (im Garten)
kultivierte Pflanzen gar nicht eingehen,
obwohl doch die meisten von diesen
aufgrund ihres Wertes und ihres
Nutzens für das tägliche Leben ein
viel grösseres Ansehen verdienen
als die Feldfrüchte.

Plinius der Ältere, römischer Gelehrter,
über die hortensia, die Gartenpflanzen,
im 19. Buch seiner Historia naturalis.

basilikum

»Der Duft von Basilikum ist gut für das Herz. Er nimmt die Traurigkeit, die von der Melancholie herrührt und macht den Menschen glücklich und froh.«

John Gerard (1545 –1612), englischer Arzt und Botaniker

Basilikum (ocinum basilicum), ist ein zartblättriges Küchenkraut, das in subtropischen Zonen heimisch ist und hierzulande meist als Topfpflanze angeboten wird. Von den über 60 Sorten sind hier allerdings nur wenige verfügbar. Die kleinblättrigen sind aromatischer. Basilikum schmeckt je nach Sorte leicht oder ausgeprägt pfeffrig (Thaibasilikum) oder zitronig (Bai Maenglak). Verwendbar sind nicht nur die Blätter, sondern auch Blüten, Zweige und Stiele. Basilikum sollte nicht mitgekocht werden, denn schon heißer Dampf färbt es braun. Das hierzulande in Supermärkten angebotene Kraut passt perfekt zu mediterranen kalten und heißen Gerichten.

flüssiger schokoladenkuchen mit mango und thaibasilikum

Rezept für 4-6 Portionen

Für die Mango mit Thaibasilikum:

40 ml Weißwein
40 g Zucker
1 reife Thaimango
4 Stiele Thaibasilikum

1/ Den Wein mit dem Zucker kurz aufkochen.
2/ Das Thaibasilikum waschen, trocken tupfen und fein hacken.
3/ Die Mango schälen, das Fruchtfleisch vom Kern schneiden und in kleine Würfel schneiden.
4/ Die Mangowürfel mit dem Wein und dem Basilikum marinieren

Für den flüssigen Schokoladenkuchen:

4 Eier
70 g Butter
180 g Zartbitterkuvertüre 70% Kakao
40 g Zucker

1/ Die Eier trennen.
2/ Die Kuvertüre und die Butter schmelzen und auf 45 bis 50 °C erwärmen.
3/ Das Eiweiß mit dem Zucker zu einem zarten Schnee schlagen.
4/ Das Eigelb und ein Viertel des Eischnees unter die flüssige Schokoladenmasse rühren.
5/ Den restlichen Eischnee unter die Masse heben. Die Masse sollte homogen und dickflüssig sein.
6/ Die Masse in Silikonformen oder feuerfeste Förmchen (notfalls Tassen) füllen und frosten.
7/ Die gefrorenen Kuchenrohlinge mit der Form bei 200 °C im vorgeheizten Backofen etwa 8 bis 10 Minuten garen. Dabei gerinnt der Schokoladenschaum von außen. Das Innere bleibt aber flüssig.

Mein Tipp
Den Schokoladenkuchen erst unmittelbar vor dem Servieren backen.

kokos-reisflammeri mit marinierter ananas

Rezept für 6 Portionen

Für den Kokos-Reisflammeri:

50 g Rundkornreis
Schale von je ¼ Zitrone und Orange, beide unbehandelt
1 Schote Vanille
1 Dose Kokosmilch (400ml)
100 ml Milch
20 g Zucker
1 Stange Cassia-Zimt
2 Pandan-Blätter (vom südostasiatischen Schraubenbaum,erhältlich in Asia-Läden)
4 Blatt Gelatine
3 Eigelb
250 ml Sahne
90 g Zucker
1 Prise Salz

1/ Den Ofen auf 170 °C vorheizen.
2/ Den Reis in heißem Wasser waschen.
3/ Die Zitrone und Orange ebenfalls mit heißem Wasser waschen und trocken reiben. Je 1/4 der Schale abreiben.
4/ Die Vanilleschote längs aufschneiden und das Mark herauskratzen.
5/ Die Kokosmilch mit der Milch, der Zitrusschale, dem Vanillemark, dem Zucker, der Vanilleschote, der Stange Zimt, den Pandan-Blättern und mit dem Reis aufkochen.
6/ Die Masse in eine feuerfeste Form geben und im Ofen auf der mittleren Schiene weitergaren, bis der Reis weich ist (etwa 1 Stunde). Im Topf brennt der Reis sehr schnell an, deshalb ist es einfacher, den Reis im Ofen zu garen.
7/ Die Gelatine in reichlich kaltem Wasser etwa 5 Minuten einweichen.
8/ Die Vanilleschote und die Zimtstange aus dem Reis nehmen.
9/ Die Gelatine im warmen Reis schmelzen, die Eigelbe dazurühren und die Masse auf etwa 30 °C abkühlen lassen.
10/ Die Sahne schaumig schlagen.
11/ Das Eiweiß mit dem Zucker und dem Salz steif schlagen und unter die Reismasse heben. Anschließend die geschlagene Sahne unterheben und die Masse in Förmchen (z.B. Joghurtbecher) füllen und kühl stellen.

Für die marinierte Ananas:

½ reife Ananas
200 ml Wasser
100 g Zucker
3 Sternanis
Etwas frisches Zitronenbasilikum

1/ Die Ananas schälen und den Strunk herausschneiden, dann in etwa 5 mm dicke Scheiben und anschließend in gleichmäßige Stückchen schneiden.
2/ Das Wasser mit dem Zucker und dem Sternanis aufkochen und über die geschnittene Ananas gießen.
3/ Die Ananas abgedeckt bei Raumtemperatur abkühlen lassen, sie hält sich so mehrere Tage im Kühlschrank.
4/ Das Zitronenbasilikum waschen, mit einem Küchentuch trocken tupfen und fein schneiden.
5/ Die Ananasstückchen damit abschmecken.
6/ Die Becher mit dem Kokos-Reisflammeri kurz in ein Gefäß mit heißem Wasser halten und auf einen Teller stürzen, mit der marinierten Ananas und etwas Sud servieren.

erdbeer-basilikum-moussetörtchen

Rezept für ca. 10 Törtchen

Sie benötigen gleichmäßig geformte Ringe als Förmchen. Wenn Sie diese nicht leicht bekommen, gibt es eine unkoventionelle Lösung: Ein Plastikrohr aus dem Baumarkt (Durchmesser 5 bis 6 cm) kaufen und in etwa 5 cm lange Stücke sägen. Mit Schmirgelpapier die Schnittflächen sauber abreiben und die Förmchen sorgfältig heiß abspülen.

Bereiten Sie zunächst die Mandel-Roulade (Rezept Seite 74) vor.

500 g Erdbeeren
50 g Himbeeren (frisch oder tiefgekühlt)
250 ml Sahne
5 Blatt Gelatine
20 g Limettensaft
½ Bund Basilikum
2 Eiweiß
1 Prise Salz
130 g Zucker
50 ml Wasser

1/ Die Erdbeeren waschen und putzen. 300 g davon vierteln oder sechsteln und zunächst beiseite stellen.
2/ Das Basilikum waschen und trocken tupfen. Ein paar kleine Blätter beiseite legen für die Dekoration.
3/ Die Sahne steif schlagen.
4/ Die Gelatine in reichlich kaltem Wasser einweichen.
5/ Für die Mousse 200 g (nicht geschnittene) Erdbeeren mit den Basilikumblättern, den Himbeeren und dem Limettensaft pürieren und durch ein Sieb streichen.
6/ Das Eiweiß mit dem Salz und 50 g Zucker steif schlagen.
7/ Den restlichen Zucker mit dem Wasser zum Kochen bringen und so lange weiterkochen, bis eine sirupartige Konsistenz erreicht ist.
8/ Den heißen Zucker unter ständigem Rühren in den Eischnee laufen lassen. Den Eischnee noch 5 Minuten weiterschlagen.
9/ Die Gelatine mit 100 g Erdbeerpüree bis etwa 45 °C erwärmen. Das restliche Püree dazugeben und in den Eischnee rühren.
10/ Die steif geschlagene Sahne unterheben und zu dreiviertel in die vorbereiteten Ringe füllen.
11/ Mit den geschnittenen Erdbeeren auffüllen und mindestens 3 Stunden im Kühlschrank fest werden lassen.
12/ Die Ringe entfernen und die Törtchen mit den Basilikumblättern garnieren.

zitronenröllchen mit basilikum

Rezept für ca. 16 Rouladen

Für die Rouladen:

1 Zitrone, unbehandelt (nur die Schale)
5 Eier
3 Eigelb
2 g Salz
100 g Zucker
45 g Mehl
45 g Weizenstärke
40 g flüssige Butter

1/ Den Ofen auf 200 °C vorheizen.
2/ Die Zitrone mit heißem Wasser abwaschen, trocken reiben und das Gelbe der Schale abreiben.
3/ Eier, Eigelbe, Zucker, Salz und Zitronenschale im Wasserbad unter ständigem Rühren bis etwa 65 °C erwärmen und anschließend mit einer Küchenmaschine mindestens 7 Minuten schaumig schlagen.
4/ Mehl und Weizenstärke mischen und durchsieben. Das Mehl unter die schaumige Eiermasse heben.
5/ Die flüssige, mindestens 45 °C warme Butter ebenfalls vorsichtig unter die Eiermasse heben.
6/ Den Teig auf zwei mit Backpapier ausgelegten Backblechen verteilen und etwa 7 Minuten bei 200 °C goldbraun backen.

Für die Zitronen-Basilikum-Buttercreme:

3 Zitronen, unbehandelt
300 ml Milch
150 g Zucker
2 Eigelb
1 Ei
25 g Speisestärke
300 g weiche Butter
½ Bund Basilikum
Etwas Puderzucker
1 Zitrone zum Garnieren

1/ Die Zitronen mit heißem Wasser abwaschen, trocken reiben und das Gelbe der Schale abreiben. Den Saft auspressen.
2/ Milch, Zucker, Ei, Eigelbe, Zitronensaft und -schale, Stärke und 50 g von der Butter zusammen in einen Topf geben und unter ständigem Rühren 1 Minute sprudelnd aufkochen.
3/ Die Creme in eine Schüssel füllen, mit Klarsichtfolie abdecken und abkühlen lassen.
4/ Das Basilikum mit kaltem Wasser waschen, trocken tupfen und fein hacken.
5/ Die gekochte Creme mit einem Schneebesen durchrühren.
6/ Die restliche Butter leicht schaumig schlagen. Nach und nach die Zitronencreme dazugeben und zusammen schaumig aufschlagen.
7/ Die Creme mit dem gehackten Basilikum abschmecken.
8/ Die gebackenen Rouladen auf ein Geschirrhandtuch stürzen und das Backpapier abziehen. Je nach gewünschter Größe, die Rouladen ganz lassen oder in zwei Teile schneiden. Sie wird entweder etwa 10 cm oder 4 bis 5 cm dick.
9/ Die Creme gleichmäßig auf den gebackenen Rouladen verstreichen, die Rouladen zusammenrollen und so aufsetzen, dass das Ende unten und nicht sichtbar ist.
10/ Die Rouladen nach Belieben mit Puderzucker bestäuben und mit geviertelten Zitronenscheiben garnieren.

süsses pesto

Rezept für 4-6 Portionen

120 ml Weißwein
80 g Zucker
50 g Basilikumblätter
25 g Pinienkerne, geröstet

1/ Die Basilikumblätter waschen, trocken tupfen und mit einem Messer grob schneiden.
2/ Pinienkerne im vorgeheitzten Ofen bei 160 °C etwa 5 Minuten goldgelb rösten.
3/ Den Weißwein mit dem Zucker kurz aufkochen, anschließend abkühlen lassen.
4/ Basilikum und Pinienkerne im gezuckerten Weißwein mit einem Stabmixer zerkleinern.

Rezeptvariante
Das Pesto kann auch mit Minze hergestellt werden. Je nach Minzart, die Kräutermenge um etwa 30 bis 50 Prozent reduzieren. Geschmacklich finde ich die Sorten »Sparemint« und »krause Minze« am besten.

Mein Tipp
Das süße Pesto passt hervorragend zu Beeren, insbesondere Erdbeeren, und zu Süßspeisen mit Quark oder Frischkäse, z.B. zu Käsesahnetorte.

zitronen-basilikum-marshmallows

Rezept für ca. 30 Stück

6 Blatt Gelatine
20 g Basilikum
3 Eiweiß
250 g Zucker
110 g Traubenzucker
80 ml Wasser
80 ml Zitronensaft

Zum Wenden am Ende:
500 g Traubenzucker

1/ Die Gelatine in reichlich kaltem Wasser einweichen.
2/ Das Basilikum waschen, trocken tupfen und sehr fein schneiden.
3/ Das Eiweiß mit 80 g Zucker schaumig schlagen.
4/ Den restlichen Zucker, den Traubenzucker, Wasser und Zitronensaft bis auf 114 °C erhitzen. Etwa 4 Minuten lang kochen, bis eine dickflüssige Zuckermasse entsteht. Dass die Masse 114 °C erreicht hat, erkennt man an Blasen, die dann sehr langsam aufsteigen.
5/ Den heißen Zuckersirup langsam in einem dünnen Strahl in den Eischnee laufen lassen.
6/ Die Gelatine ausdrücken und mit 50 ml Zitronensaft und den fein geschnittenen Basilikumblättern erwärmen. Die flüssige Masse ebenfalls in den Eischnee geben und diesen so lange weiterschlagen, bis sich das Volumen etwa verdreifacht hat.
7/ Ein Backblech mit Frischhaltefolie auskleiden, komplett mit Traubenzucker bestäuben und die Marshmallowmasse darauf verteilen. Die Oberfläche ebenfalls mit Traubenzucker bestäuben.
8/ Die Marshmallowplatte nach 24 Stunden stürzen, die Folie abziehen und gegebenenfalls (wenn die Oberfläche klebrig ist) erneut mit Traubenzucker bestäuben.
9/ Die Platte in Quadrate von etwa 3 mal 3 cm schneiden und alle Seiten in Traubenzucker wenden, damit die Stücke nicht miteinander verkleben.

minze

Minze (mentha suaveolens),
ist ein vielseitiges, erfrischendes Kraut mit vielen unterschiedlichen Geschmacksrichtungen, etwa Pfefferminze, Apfelminze, Ananasminze, Limonenminze usw. Es ist der ideale Begleiter für Süßspeisen, wird in der orientalischen Küche allerdings auch viel für Fleisch, z.B. Lamm, und Fischspeisen verwendet. Die afrikanische Nanaminze schmeckt nicht nur als aromatischer Kräutertee gut, sondern wird auch zum Würzen von Saucen und als Garnierung verwendet. In unserer Küche finden meist Pfefferminze und Grüne Minze Verwendung. Minze kann man selbst im Topf oder im Garten ziehen, bekommt sie im Bund aber auch frisch auf Märkten und meist in türkischen Läden. Minze ist auch getrocknet sehr gut zu verwenden.

früchtetarte mit minzlikörgelee

Rezept für eine Tarte mit 26 cm Durchmesser

Bereiten Sie den Mürbeteig und die Tartelettemasse vor wie bei »Erdbeertartelettes mit Pistaziencreme und frischer Rauke« (Seite 136). Für den Mürbeteig reicht die halbe im Rezept angegebene Menge aus.
Die Vanillecreme kann wie folgt reduziert werden:

Für die Vanillecreme:

350 ml Milch
20 g Butter
28 g Maisstärke
(oder Puddingpulver)
55 g Zucker
1 Eigelb
Mark einer Vanilleschote
Etwas Salz

1/ Alle Zutaten unter ständigem Rühren aufkochen und 1 Minute sprudelnd kochen lassen.
2/ Die Vanillecreme mit Frischhaltefolie abdecken und abkühlen lassen. Anschließend durch ein feines Sieb passieren.
Die Vanillecreme brauchen Sie zum größten Teil für die Tarlelettemasse. Der kleinere Teil wird für die Fertigstellung beiseite gestellt.

Für die Minzlikör-Geleewürfel:

5 Blatt Gelatine
100 ml Apfelsaft
75 ml Pfefferminzlikör
75 g Zucker

1/ Die Gelatine mindestens 5 Minuten in kaltem Wasser einweichen.
2/ Den Apfelsaft mit dem Zucker aufkochen, Pfefferminzlikör zugeben und die Gelatine darin schmelzen.
3/ Die Geleemasse fest werden lassen.
4/ Den Gelee stürzen und in Würfel schneiden.

500 g gemischte Früchte
½ Päckchen Tortengusspulver
80 g Aprikosenkonfitüre ohne Stückchen
90 ml Wasser

1/ Den Mürbeteig dünn ausrollen und eine gefettete und gemehlte Springform oder Tortenring bis 3 cm Höhe damit auslegen. Den Mürbeteig mehrmals mit einer Gabel einstechen.
2/ Die Tartelettemasse daraufgeben, glatt streichen und im vorgeheizten Ofen bei 170 °C etwa 40 Minuten goldgelb backen.
3/ Die gemischten Früchte waschen, schälen, schneiden.
4/ Die restliche Vanillecreme mit einem Schneebesen glatt rühren und auf der Tarte verstreichen. (Den größten Teil der Vanillecreme haben Sie bereits für die Tartelettemasse verbraucht.)
5/ Die Tarte mit den Früchten belegen.
6/ Aprikosenkonfitüre und Wasser aufkochen, Tortengusspulver zugeben und nochmals aufkochen. Die Früchte auf der Tarte mit dem Tortenguss »lackieren«.
7/ Die Minzlikör-Geleewürfel auf der Tarte verteilen.

apfeltarte mit apfelminze

Rezept für eine Tarte mit 26 cm Durchmesser

6 EL Apfelminze-Blätter
¼ Zitrone, unbehandelt
1 kg Äpfel (z.B. Topaz oder Elstar)
200 g weiche Butter
10 g Vanillezucker
150 g Zucker
260 g Mehl
60 g Weizenstärke
2 g Backpulver
2 Eier
2 Eigelb
100 g Sauerrahm
40 g Jamaica-Rum
Etwas Butter und Mehl

1/ Die Minze waschen, trocken tupfen und fein hacken.
2/ Die Zitrone mit heißem Wasser waschen, abtrocknen, die Schale abreiben und den Saft auspressen.
3/ Die Äpfel schälen, das Kerngehäuse herausschneiden, die Äpfel in Spalten schneiden und mit dem Zitronensaft mischen. Etwa 100 g Äpfel in feine Würfel schneiden.
4/ Die Butter mit den Gewürzen, der Minze und dem Zucker leicht schaumig schlagen.
5/ Mehl, Stärke und Backpulver mischen und sieben.
6/ Eier, Eigelb, Rum und Sauerrahm mischen und abwechselnd mit dem Mehl nach und nach in die Buttermasse rühren; zum Schluss die fein gewürfelten Äpfel zugeben.
7/ Eine Springform mit Butter ausstreichen und bemehlen, den Teig hineingeben und glatt streichen.
Mit den Apfelspalten belegen.
8/ Die Tarte im vorgeheizten Backofen bei 190 °C etwa 30 Minuten backen.

erdbeersalat mit frischer minze und topfenparfait

Rezept für 6 Portionen

Für das Topfenparfait:

2 Blatt Gelatine
3 Eier
5 Eigelb
200 g Zucker
1 Prise Salz
1 g gemahlene Vanille
2 g geriebene Zitronenschale
400 g Sahne
15 ml Zitronensaft
200 g Magerquark

1/ Die Gelatine in reichlich kaltem Wasser einweichen.
2/ Eier, Eigelbe, Zucker und Gewürze im Wasserbad bis etwa 65 °C erwärmen und schaumig schlagen.
3/ Die Sahne steif schlagen.
4/ Die Gelatine mit einem Esslöffel der geschlagenen Sahne und dem Zitronensaft erwärmen und unter die Eiermasse rühren. Die Eiermasse nach und nach unter den Magerquark rühren. Vorsichtig die Sahne unterheben.
5/ Diese Masse in Gläser, Förmchen oder leere Joghurtbecher füllen und 24 Stunden frosten.
6/ Zum Anrichten entweder das Parfait im Glas servieren oder die Förmchen oder Joghurtbecher kurz in warmes Wasser stellen und auf einen Teller stürzen.
7/ Mit dem Erdbeersalat oder anderem Obstsalat servieren.

Für den Erdbeersalat:

80 g Aprikosenkonfitüre
500 g Erdbeeren
4-5 frische Zweige Minze

1/ Die Aprikosenkonfitüre mit einem Schneebesen glattschlagen.
2/ Die Minze waschen, trocken tupfen, die Blätter von den Stielen zupfen und fein hacken.
3/ Die Erdbeeren waschen, den Stielansatz entfernen und die Früchte vierteln.
4/ Die Erdbeeren mit der geschnittenen Minze und der Konfitüre vorsichtig mischen.

schokoladenrehrücken mit minze

50 g weiche Butter
150 g Mehl
1 Bund Minze
5 Eier
160 g weiche Butter
200 g Zucker
180 g Zartbitterkuvertüre, 60% Kakao
70 g süße Mandeln, gerieben
50 g Kakaopulver

1/ Den Ofen auf 180 °C vorheizen.
2/ Mit der weichen Butter zwei Rehrückenformen ausstreichen und mit 50 g Mehl bestäuben. Überschüssiges Mehl herausklopfen.
3/ Die Minze waschen, trocken tupfen, die Blätter abzupfen und fein hacken.
4/ Die Eier trennen.
5/ Die weiche Butter (160 g) mit 50 g Zucker schaumig schlagen und nach und nach die Eigelbe und die gehackte Minze zugeben.
6/ Die Kuvertüre in der Mikrowelle oder im Wasserbad schmelzen und in die Buttermasse rühren.
7/ Die Eiweiße mit 150 g Zucker steif schlagen und unter die Buttermasse heben.
8/ Das übrige Mehl (100 g) mit dem Mandelgrieß mischen und ebenfalls unterheben.
9/ Die Masse in die vorbereiteten Rehrückenformen füllen und glatt streichen; bei 165 °C etwa 35 Minuten backen.
10/ Den fertig gebackenen Kuchen aus der Form stürzen, erkalten lassen und mit Kakaopulver durch ein Sieb bestäuben.

ananasgeleewürfel mit pfefferminze

Für etwa 80 Geleewürfel

140 ml Apfelsaft
2 g Agar-Agar
1 reife Ananas
20 g frische Pfefferminzblätter
450 g Zucker
120 ml Zitronensaft
400 g Zucker

1/ Apfelsaft und Agar-Agar mischen und 12 Stunden im Kühlschrank stehen lassen.
2/ Eine Schüssel mit geradem Boden (Durchmesser etwa 25 cm) mit Frischhaltefolie auskleiden.
3/ Die Ananas schälen, vierteln, den Strunk herausschneiden und in kleine Stücke schneiden.
4/ Die Pfefferminzblätter waschen und grob schneiden.
5/ Ananas und Minze mit einem Mixer pürieren und durch ein Sieb streichen. Es werden 300 g Püree benötigt.
6/ Den Apfelsaft mit dem Agar-Agar und 150 g vom Ananaspüree aufkochen. Nach und nach den Zucker dazugeben und 7 bis 8 Minuten unter ständigem Rühren kochen lassen.
7/ Die restlichen 150 g Ananas-Minzpüree dazugeben, durchrühren und in die vorbereitete Schüssel gießen.
8/ Die Geleemasse mindestens 1 Stunde fest werden lassen.
9/ Mit Zucker bestreuen, aus der Schüssel stürzen, die Folie abziehen und die Rückseite ebenfalls mit Zucker bestreuen.
10/ Die Geleeplatte in etwa 3 mal 3 cm große Quadrate schneiden und alle Schnittflächen in Zucker wälzen.
11/ Die Geleewürfel 2 Tage bei Zimmertemperatur auf einem Gitter trocknen lassen.

frankfurter sommerkranz

Rezept für einen Kranz mit 26 cm Durchmesser

Für den Kranz:

120 g Butter
30 g Blätter vom argentinischen Minzstrauch
4 Eier
4 Eigelb
120 g Zucker
Schale von ½ Bio-Zitrone
1 g Salz
110 g Weizenmehl T405
110 g Weizenstärke
Zusätzlich etwas flüssige Butter und Mehl für die Form

1/ Den Ofen auf 160 °C vorheizen.
2/ Die Butter in einem Topf erwärmen, die Minze waschen, trocken tupfen, in die Butter geben und mit einem Pürierstab so gut es geht zerkleinern und in der warmen Butter ziehen lassen.
3/ Die Eier, Eigelbe, Zucker, Salz und Zitronenschale in einem Topf unter ständigem Rühren bis etwa 65 °C erwärmen.
4/ Die Eimasse in der Küchenmaschine 5 bis 10 Minuten schaumig schlagen.
5/ Unterdessen eine Kranzform mit flüssiger Butter ausstreichen und mit Mehl bestäuben.
6/ Das Mehl mit der Weizenstärke mischen, sieben und nach und nach mit einem Teigschaber unter die schaumige Eimasse heben.
7/ Die Butter durch ein feines Sieb geben und ebenfalls unterheben.
8/ Die Teigmasse in die vorbereitete Kranzform füllen und 30 Minuten goldgelb backen. Mit einem Zahnstocher in den Kranz stechen, um die Backzeit zu überprüfen. Wenn der Zahnstocher trocken wieder herausgezogen wird, ist der Kranz fertig.
9/ Den Kranz abkühlen lassen und dreimal waagerecht durchschneiden.

Für die Tränke:

80 g Zucker
60 ml Wasser
50 ml Gin mit Kräutern
20 ml Zitronensaft

1/ Wasser und Zucker zusammen aufkochen, abkühlen lassen und die anderen Zutaten zufügen.

Für die Sommerbuttercreme:

4 Eiweiß
100 g Zucker
1 g Salz
80 ml Wasser
150 g Zucker
500 g Butter
30 ml Gin mit Kräutern
50 ml Zitronensaft

1/ Eiweiß, Salz und 100g Zucker mit einer Küchenmaschine schaumig schlagen. Wenn der Eischnee stabil ist, die Maschine langsam weiter laufen lassen.
2/ Gleichzeitig das Wasser mit dem Zucker aufkochen und 3 Minuten köcheln lassen, bis eine sirupartige Konsistenz erreicht ist.
3/ Diesen flüssigen Zucker in einem dünnen Strahl in den Eischnee gießen. Dabei sollte die Maschine noch laufen.
4/ Den Eischnee nun langsam (!) 5 bis 10 Minuten kalt rühren.
5/ Die weiche Butter ebenfalls schaumig schlagen und mit dem Eischnee verrühren.
6/ Die Creme mit Gin und Zitronensaft abschmecken.

Für das Befüllen und Dekorieren:

200 g Zitronenmarmelade
200 g Mandelkrokant
200 g Pistazien gehackt

1/ Die 3 oberen Böden mit der Tränke beträufeln.
2/ Den unteren Boden mit 3 bis 4 EL Buttercreme füllen und auf der Creme ein paar Teelöffel Zitronenmarmelade verteilen.
3/ Den nächsten Boden auflegen und den Vorgang wiederholen.
4/ Zum Schluss den Kranz mit der restlichen Buttercreme einstreichen. Mandelkrokant und Pistazien mischen und darüberstreuen.

verveine

Die Zitronenverbene (aloysia citrodora), auch Zitronenstrauch oder Zitronenduftstrauch genannt, gehört zur Familie der Eisenkrautgewächse (verbenaceae) und kam aus Südamerika nach Europa und in andere Erdteile. Entsprechend wärmeliebend ist die in ihrer Heimat sonnenverwöhnte und optisch eher belanglose Pflanze. Am besten nur frische Blätter für Süßspeisen verwenden. Sie lassen sich übrigens auch gut zu einem Tee aufkochen. Wie viele andere Küchenkräuter kann man den Zitronenstrauch an geschützter, sonniger Stelle im Garten kultivieren.

apfel-pfefferminz-eistee

Rezept für ca. 1,3 Liter

3 EL frische Pfefferminzblätter
1 l Wasser
20 g Honig
300 ml Apfelsaft
½ Zitrone, unbehandelt

1/ Die Pfefferminze waschen.
2/ Das Wasser mit dem Honig aufkochen. Die Minze darin 8 Minuten ziehen lassen.
3/ Den Tee durch ein feines Sieb passieren und abkühlen lassen.
4/ Die Zitrone mit heißem Wasser abwaschen, in Scheiben schneiden und in den Eistee geben.
5/ Den Apfelsaft dazugießen und genießen.

verveine-minze-eistee

Rezept für ca. 1,5 Liter

2 EL frische Pfefferminzblätter
3 EL Verveineblätter
1,5 l Wasser
30 g Rohrzucker
½ Limette

1/ Die Kräuter waschen.
2/ Das Wasser mit dem Zucker aufkochen. Die Kräuter darin 8 Minuten ziehen lassen.
3/ Den Tee durch ein feines Sieb passieren und abkühlen lassen.
4/ Die Limette mit heißem Wasser abwaschen, in Scheiben schneiden und in den Eistee geben. Das gibt dem Tee eine erfrischende Note.

financiers mit verveine und früchten

Rezept für ca. 80 Stück

20 g Verveineblätter
350 g Butter
115 g Mehl
320 g Puderzucker
11 Eiweiße
50 g Aprikosenkonfitüre
190 g süße Mandeln, gerieben
Früchte nach Belieben:
Himbeeren, Heidelbeeren,
Mango, Apfel, Pfirsich etc.

1/ Die Verveineblätter waschen und abtropfen lassen.
2/ Die Butter schmelzen und zusammen mit den Verveineblättern einmal aufkochen, die Blätter 10 Minuten in der heißen Butter ziehen lassen und das Ganze anschließend durch ein Sieb passieren.
3/ Mehl und Zucker mischen und unter die flüssige Butter rühren.
4/ Eiweiß und Aprikosenkonfitüre hinzugeben und verrühren.
5/ Den Backofen auf 200 °C vorheizen.
6/ Kleine Silikon-Backformen zu dreiviertel mit der Masse füllen und nach Belieben Früchte aufsetzen, z.B. eine Himbeere, 3 bis 4 Heidelbeeren, ein Stückchen Mango usw.
7/ Die Financiers bei 200 °C etwa 8 bis 10 Minuten backen.

Mein Tipp
Die Financiers bleiben sehr lange saftig und lassen sich problemlos einfrieren.

bienenstich mit verveine

Rezept für 1 Bienenstich (rund, 26 cm)
Rezept mal 1,5 = 1 Backblech

Für den Hefeteig:

350 g Mehl
15 g Hefe
40 g Zucker
40 g Butter
200 ml Milch
1 Ei
3 g Salz
5 g Vanillezucker
Etwas Zitronenschale

1/ Alle Zutaten gut zu einem glatten Teig verkneten, was 15 bis 20 Minuten dauern kann.
2/ Den Hefeteig ruhen lassen, bis sich sein Volumen um 50 Prozent vergrößert hat; unterdessen die Röstmasse zubereiten.

Für die Röstmasse:

1/2 Vanilleschote
120 g Sahne
120 g Zucker
120 g Honig
1 g Salz
200 g Mandeln, süße, gehobelt
1 Ei

1/ Die Vanilleschote aufschlitzen und das Mark herauskratzen.
2/ Sahne, Zucker, Honig, Vanillemark und Salz aufkochen und so lange weiterkochen, bis die Masse dickflüssig wird.
3/ Den aufgegangenen Hefeteig auf einem mit Backpapier ausgelegten Backblech ausrollen.
4/ Das Ei verquirlen und den Teig damit einstreichen. Die Mandeln auf dem Teig verteilen.
5/ Die Zucker-Honigglasur (das ist die Röstmasse) auf den Mandeln verstreichen und den Teig nochmals gehen lassen, bis sich das Volumen verdoppelt hat.
6/ Den Bienenstich bei 180 °C auf der unteren Schiene im Backofen etwa 25 Minuten goldgelb backen.
7/ Den Bienenstich abkühlen lassen, das Gebäck diagonal halbieren, so dass man eine untere und eine obere Hälfte erhält. Dann die Verveinesahne zubereiten.
8/ Den Boden des Bienenstichs mit der Verveinesahne füllen.
9/ Den Deckel zuerst in der Größe der gewünschten Kuchenstücke zuschneiden, die Deckelstücke aufsetzen und den Bienenstich ein paar Stunden kühl stellen.

Für die Verveinesahne:

400 ml Milch
25 g Puddingpulver
2 Eigelb
30 g Butter
70 g Zucker
2 EL Verveineblätter
Etwas Salz
4 Blatt Gelatine
400 ml Sahne

1/ Von der Milch 50 ml abmessen und mit dem Puddingpulver anrühren, die Eigelbe unterrühren.
2/ Die restliche Milch sowie Butter, Zucker, Salz und Verveineblätter aufkochen und 5 Minuten ziehen lassen. Durch ein feines Sieb passieren und erneut aufkochen. Mit dem angerührten Puddingpulver abbinden.
3/ Die Gelatine in kaltem Wasser einweichen. Danach in der warmen Creme schmelzen und diese bis auf etwa 35 °C abkühlen lassen.
4/ Die Sahne steif schlagen und ein Viertel davon in die Creme rühren, die restliche geschlagen Sahne unterheben.

thymian

Thymian (thymus vulgaris), »echter Thymian«, ist ein im Süden wild wachsendes, stark duftendes, buschiges Kraut, das in der Mittelmeerküche überall verwendet wird. Man verwendet von jungen Trieben alles, von älteren nur die Blättchen, die abgezupft werden. Thymian schmeckt frisch und getrocknet gut. Echter Thymian hat einen würzig-pfeffrigen Geschmack und ist idealer Begleiter von Tomaten, Chili oder Paprika. Es gibt viele verschiedene Arten, so auch den zitrusartigen Zitronenthymian oder den Orangenthymian, die süßen Kräuterspeisen feine Aromen geben; sie sollten nur frisch verwendet werden. Thymian braucht im Garten einen sehr sonnigen, eher trockenen Standort. Man kann ihn im Topf auch auf einer sonnigen Fensterbank ziehen.

schokoladen-bananen-tartelettes mit zitronenthymian

Rezept für 6 Tartelettes

Für den Mürbeteig:

250 g Butter
1 Ei
1 Eigelb
2 g Salz
160 g Puderzucker
50 g süße Mandeln, gerieben
400 g Mehl
50 g flüssige Butter
Etwas Mehl
100 g Zartbitterschokolade
20 g Pflanzenöl
Getrocknete Erbsen oder Linsen

1/ Butter, Eier, Salz und Puderzucker verkneten.
2/ Mehl und Mandeln mischen und ebenfalls unterkneten.
3/ Den Teig zu einem flachen Päckchen formen, in Frischhaltefolie wickeln und ein paar Stunden kühl stellen.
4/ Den kalten Mürbeteig noch einmal von Hand geschmeidig kneten und etwa 3 mm dünn ausrollen.
5/ Tarteletteformen mit flüssiger Butter ausstreichen und mit Mehl bestäuben; überschüssiges Mehl aus den Formen klopfen.
6/ Die Förmchen mit dem Mürbeteig auslegen. Mit Backpapier auslegen, Backerbsen (getrocknete Erbsen oder Linsen) einfüllen und im Backofen bei 170 °C etwa 20 Minuten »blind« backen.
7/ Die Tartelettes erkalten lassen, Backerbsen und Backpapier entfernen.
8/ Die Zartbitterschokolade in der Mikrowelle oder im Wasserbad schmelzen und mit dem Pflanzenöl mischen.
9/ Die Tartelettes damit innen ausstreichen.

Für das Bananenkompott:

80 g Butter
5 Bananen
80 g Zucker
40 ml weißer Rum

1/ Die Butter in einer Pfanne erhitzen.
2/ Die Bananen schälen, in grobe Würfel schneiden, mit dem Zucker mischen und in der heißen Butter braten.
3/ Wenn die Bananen eine kompottähnliche Konsistenz erreicht haben, den Rum zugeben und abkühlen lassen.
4/ Das Kompott etwa 1 cm dick in die vorgebackenen Tartelettes füllen und glatt streichen.

Für die Schokoladen-Zitronenthymianganache:

2 TL Zitronenthymianblätter
180 ml Sahne
200 g Zartbitterkuvertüre, 60% Kakao
60 g Butter, zimmerwarm
20 ml weißer Rum

1/ Die Zitronenthymianblätter mit kaltem Wasser waschen.
2/ Die Sahne mit den Thymianblättern aufkochen und 8 bis 10 Minuten ziehen lassen.
3/ Die Zartbitterschokolade in der Mikrowelle oder im Wasserbad schmelzen.
4/ Die Zitronenthymiansahne durch ein feines Sieb passieren und mit dem Rum und der Schokolade zu einer glatten, homogenen Masse verrühren.
5/ Die weiche Butter mit einem Pürierstab unter die Schokolademasse mixen.
6/ Die Ganache auf das Bananenkompott gießen und im Kühlschrank fest werden lassen.

heisse schokolade mit orangenthymian

Rezept für ca. 1,1 Liter

1,5 TL Orangenthymianblätter
900 ml Milch
50 ml Mandarinensaft
100 g Milchkuvertüre, 40% Kakao
50 g Zartbitterkuvertüre, 60% Kakao

1/ Den Thymian waschen und die Blätter von den Stielen abstreifen.
2/ Die Milch mit dem Thymian einmal aufkochen und 5 Minuten ziehen lassen. Die Milch durch ein feines Sieb passieren.
3/ Die Schokolade in der Mikrowelle oder im Wasserbad schmelzen.
4/ Die flüssige Schokolade mit etwa 200 ml heißer Thymianmilch mischen und eine Emulsion herstellen. Nach und nach die restliche Milch und den Mandarinensaft unterrühren.
5/ Servieren und genießen.

heisse schokolade mit zitronenthymian

Rezept für ca. 1,1 Liter

2 TL Zitronenthymianblätter
750 ml Milch
200 ml Sahne
150 g Zartbitterkuvertüre, 60% Kakao

1/ Den Thymian waschen und die Blätter von den Stielen abstreifen.
2/ Die Milch mit dem Thymian einmal aufkochen und 5 Minuten ziehen lassen. Die Milch durch ein feines Sieb passieren.
3/ Die Schokolade in der Mikrowelle oder im Wasserbad schmelzen.
4/ Die flüssige Schokolade mit etwa 200ml heißer Thymianmilch mischen und eine Emulsion herstellen. Nach und nach die restliche Milch und die Sahne unterrühren.
5/ Servieren und genießen.

mohr im hemd mit thymiankirschen

Rezept für 6 Portionen

Für den »Mohr«:

130 g Mandelgrieß bzw. geriebene süße Mandeln
160 g Kuchenbrösel oder ersatzweise 120 g Löffelbiskuit, gerieben
40 ml Weinbrand
50 g Zartbitterkuvertüre, 70% Kakao
160 g weiche Butter
60 g Zucker
8 Eigelb
15 g Kakaopulver
8 Eiweiß
1 Prise Salz
100 g Zucker
Etwas Butter
Etwas Zucker

1/ Den Backofen bei etwa 150 °C vorheizen.
2/ Die geriebenen Mandeln mit den Kuchenbröseln und dem Weinbrand mischen.
3/ Die Schokolade in der Mikrowelle oder im Wasserbad schmelzen.
4/ Die Butter mit dem Zucker und dem Eigelb leicht schaumig schlagen.
5/ Das Kakaopulver sieben und in die Buttermasse rühren. Die flüssige Schokolade ebenfalls in die Buttermasse rühren.
6/ Das Eiweiß mit dem Salz und dem Zucker zart aufschlagen.
7/ Abwechselnd einen Teil des Eischnees und einen Teil der Kuchenbrösel unter die Buttermasse heben, bis alles aufgearbeitet ist.
8/ Die Masse sollte nicht zu luftig und etwas flüssig sein.
9/ Feuerfeste Förmchen mit weicher Butter ausstreichen und satt mit Zucker bestreuen.
10/ Die Masse bis 2 cm unter dem Rand in die Förmchen füllen und im Ofen bei 130 °C etwa 25 Minuten backen.
11/ Sobald die Masse im Förmchen hochsteigt, immer wieder kontollieren ob sie bereits zum Stocken gekommen ist. Dazu einen Zahnstocher oder Schaschlikspieß in das Küchlein stechen. Wenn beim Herausziehen nichts am Spieß hängenbleibt, sind die Soufflés fertig.
12/ Diese dann auf ein Gitter stürzen und mit einem feuchten Tuch abdecken. Nach etwa 5 Minuten die Form vorsichtig entfernen.

Für das »Hemd«:

300 ml Sahne

1/ Die Sahne schaumig, jedoch nicht zu steif schlagen.

Für die Thymiankirschen:

120 g Sauerkirschen, TK-Ware
40 ml Orangensaft
6 g echter Perlsago
40 g Zucker
1 großer Zweig Thymian
1 Prise Zimtblüte, gemahlen

1/ Die Sauerkirschen auftauen lassen.
2/ Den Sago im Orangensaft mindestens eine Stunde einweichen.
3/ Den Saft mit dem Sago, dem Zucker und den Gewürzen eine Minute sprudelnd aufkochen, dabei ständig rühren.
4/ Die Sauerkirschen unterheben.

Den »Mohr« mit der geschlagenen Sahne überziehen und mit den noch warmen Thymiankirschen servieren – so kommt der Thymian besser zur Geltung.

himbeerkuchen mit thymian-limettencreme

Rezept für einen Kuchen mit 26 cm Durchmesser

½ Wiener Boden
(Rezept siehe Seite 149)
1 dünner Mürbeteigboden
26 cm Durchmesser
(Rezept siehe Seite 46)
160 g Aprikosenkonfitüre
ohne Stückchen
15 g Thymianblätter
1 Limette, unbehandelt
1 Eigelb
15 g Puddingpulver
30 g Zucker
150 ml Milch
400 g Himbeeren, TK-Ware
1 Päckchen Tortengusspulver
180 ml Wasser
200 g gehobelte Mandeln,
geröstet

1/ Den Mürbeteigboden mit 80 g Aprikosenkonfitüre bestreichen und den halben Wiener Boden darauf setzen. Den Tortenboden in einen Ring setzen.

2/ Die Thymianblätter waschen.

3/ Die Limette mit heißem Wasser waschen, abtrocknen, die Schale abreiben und den Saft auspressen.

4/ Limettensaft, -schale, Thymian, Eigelb, Puddingpulver, Zucker und Milch in einem Topf zum Kochen bringen.

5/ Die heiße Creme durch ein feines Sieb streichen und auf dem Wiener Boden verteilen.

6/ Die tiefgekühlten Himbeeren auf der Creme verteilen. Unterdessen das Wasser mit der restlichen Aprikosenkonfitüre aufkochen, das Tortengusspulver einrühren und nochmals aufkochen.

7/ Den Tortenguss über die Himbeeren gießen, dabei die Oberfläche mit einem Pinsel »lackieren«.

8/ Den Tortenring nach etwa 10 Minuten mit einem kleinen Messer lösen und abziehen.

9/ Den Tortenrand mit den gehobelten, gerösteten Mandeln bestreuen.

schokoladen-thymiancookies

Rezept für ca. 60 Cookies

4 g Thymianblätter
260 g Mehl
2 TL Backpulver
40 g Kakao
150 g Schokoladentropfen
160 g weiche Butter
280 g Rohrzucker
2 Eier

1/ Den Ofen auf 170 °C vorheizen.
2/ Den Thymian waschen, trocken tupfen und die Blätter vom Stiel abziehen.
3/ Mehl, Backpulver, Schokoladentropfen und Kakao mit einem Schneebesen mischen.
4/ Die weiche Butter mit dem Rohzucker und dem Thymian verrühren. Nach und nach die Eier zugeben und verrühren. Zum Schluss das »Schokoladenmehl« zugeben und mit der Hand oder mit einem Teigschaber verrühren.
5/ Mit einem Esslöffel gleichmäßig große Häufchen auf ein Backpapier setzen und anschließend leicht platt drücken.
6/ Bei 170 °C etwa 15 Minuten backen.

charlotte mit zitronenthymian und frischen waldbeeren

Rezept für eine Charlotte mit 18-20cm Durchmesser

300 g Englische Creme (siehe Grundrezepte auf Seite 147. Verwenden Sie hierfür etwa 4 g Zitronenthymian)
3 Blatt Gelatine
250 ml Sahne
500 g frische Waldbeeren, (z. B.Himbeeren, Erdbeeren, Brombeeren etc.)
200 g Löffelbiskuits
Etwas Puderzucker

1/ Einen Tortenring oder eine Kuchen-Springform mit den Löffelbiskuits auslegen: Ein paar Löffelbiskuits halbieren und hochkant an den inneren Rand des Rings stellen, danach den Boden auslegen.
2/ Die Gelatine in reichlich kaltem Wasser einweichen, dann mit etwas Englischer Creme erwärmen und unter die restliche Englische Creme rühren. Diese Masse sollte etwa 30 bis 35 °C warm sein.
3/ Die Sahne steif schlagen.
4/ Die geschlagene Sahne unterheben und die Masse sofort weiterverarbeiten.
5/ Die Hälfte der Bayerischen Creme in dem vorbereiteten Ring verteilen und darauf 200 g Beeren setzen, die restliche Creme auf dieser Schicht verstreichen und wieder mit Beeren belegen.
6/ Die Torte für mindestens 4 Stunden in den Kühlschrank stellen, danach vorsichtig den Tortenring von der Charlotte lösen.

Mein Tipp
Die Charlotte ist ein schönes Gastgeschenk.
Dafür eine hübsche Schleife drumherum binden.

mousse au chocolat >java< mit knusprigen schokoladenstäbchen, thymiankirschen und mandarinengelee

Rezept für 6 Portionen

Bereiten Sie die die Thymiankirschen und den Mandarinengelee nach den Rezepten auf den Seiten 50 und 124 vor.

Für die Mousse au chocolat :

65 ml Milch
290 ml Sahne
20 g Farinzucker
2 Eigelb
185 g Kuvertüre Java, 64% Kakao

1/ Milch, 65 ml von der Sahne, Eigelbe und Farinzucker verühren und im Wasserbad bis 85 °C »zur Rose abziehen«, das heißt erhitzen. Die Masse darf allerdings nicht zu heiß werden (!), da sie sonst gerinnt.
2/ Den Sahnefond durch ein feines Sieb passieren, und die Kuvertüre darin auflösen.
3/ Diese Schokoladenmasse mit einem Schneebesen so verrühren, dass eine homogene, glänzende Masse entsteht und die Schokolade komplett aufgelöst ist.
4/ Die restliche Sahne (225 ml) steif schlagen.
5/ Ein Drittel der Sahne zur Schokoladenmasse geben und gut durchmischen. Durch dieses »Angleichen« wird vermieden, dass »Sahnenester« entstehen.
6/ Die restliche Sahne vorsichtig unterheben und die Mousse au chocolat in 6 Ringe mit einem Durchmesser von etwa 5 cm und einer Höhe von 6 cm füllen und anschließend frosten.
7/ Die Mousse au chocolat aus den Ringen lösen – dazu diese mit einem Fön etwas anwärmen – und auf Teller setzen.
8/ Die Mousse am besten auf den Tellern auftauen lassen, da sie sich nur schwer umsetzen lässt. Das Auftauen dauert bei Zimmertemperatur etwa zwei Stunden.

Schokostäbchen wie im Rezept auf Seite 150 beschrieben herstellen.

1/ Die Schokoladenstäbchen um die »Zylinder« aus Schokoladenmousse stellen.
2/ Die Thymiankirschen leicht erwärmen und um die Mousse verteilen.
3/ Die Geleewürfel auf die Thymiankirschen streuen.

Mein Tipp

Dieses Dessert bietet viele verschiedene sensitive Eindrücke: die knusprigen Blätterteigstäbchen, die cremig-luftige Konsistenz der Mousse au chocolat, die Textur und der Duft der Thymiankirchen und die erfrischenden Mandarinengeleewürfel – ein Erlebnis für alle Sinne!

lavendel

Lavendel (lavandula angustifolia; lavandula officinalis; lavandula spica), ist vor allem als buschig wachsende, wärmeliebende Duftpflanze für die Verarbeitung in der kosmetischen Industrie bekannt. Lavendel stammt aus warmen Klimazonen, bestimmte Sorten überstehen jedoch auch hier mit etwas Schutz sehr kalte Winter. In der Küche wird es als Bestandteil der provenzalischen Kräutermischung genutzt, eignet sich vorzüglich zur Verfeinerung von gedünstetem Fleisch, Fisch und Salaten, hält aber auch immer mehr Einzug in die Dessert-Küche.

Die jungen Triebe werden sparsam verwendet, denn Lavendel hat ein sehr intensives Aroma.

lavendeltrüffel

Rezept für ca. 60 Trüffel

20 g Zucker
1 TL Lavendelblüten
170 ml Sahne
200 g Zartbitterkuvertüre, 60% Kakao
50 g Butter, zimmerwarm
4 ml Rum (60%Vol.)
Etwas Zartbitterschokolade
Etwas Kakaopulver

1/ Sahne mit Zucker und Lavendelblüten aufkochen und 8 bis 10 Minuten ziehen lassen.
2/ Zartbitterkuvertüre in der Mikrowelle oder im Wasserbad schmelzen.
3/ Die Lavendelsahne durch ein feines Sieb passieren, dann mit dem Rum und der Schokolade zu einer glatten, homogenen Masse verrühren.
4/ Die weiche Butter mit einem Pürierstab unter die Schokolademasse mixen.
5/ Die Trüffelmasse mit einer Frischhaltefolie abdecken und über Nacht bei Raumtemperatur stehen lassen.
6/ Am nächsten Tag mit einem Teelöffel »Nocken« ausstechen, 1 Stunde im Kühlschrank fest werden lassen und mit den Händen zu Kugeln rollen.
7/ Etwas Zartbitterschokolade in der Mikrowelle oder im Wasserbad schmelzen, auf der Handfläche verteilen und die Trüffel darin rollen. Noch bevor die Schokolade fest wird, die Trüffel in Kakaopulver wälzen.

Mein Tipp
Die Trüffel halten sich luftdicht verpackt in einem kühlen Raum etwa 2 Wochen.

orangenthymiantrüffel

Rezept für ca. 40 Trüffel

1 TL Orangenthymianblätter
170 ml Sahne
120 g Zartbitterkuvertüre, 60% Kakao
100 g Vollmilchkuvertüre, 40% Kakao
40 g Butter, zimmerwarm
25 ml Mandarine Napoleon (Likör)
Etwas Zartbitterschokolade
Etwas Puderzucker

Die Trüffel ebenso zubereiten wie die Lavendeltrüffel. Anschließend in Puderzucker statt in Kakaopulver wälzen.

schokoladen-lavendel-mousse

Rezept für ca. 10 Törtchen

Schokoladenbiskuitroulade
(Rezept Seite 148 »Sacherkapsel«)

Für die Schokoladenmousse:

480 ml Sahne
3 g Lavendelblüten
7 Eigelb
1 Ei
70 g Zucker
1 Prise Salz
300 g Bitterkuvertüre, »extra bitter«, ca. 60 % Kakao
50 g Kakaopulver

1/ Törtchenringförmchen auf ein Backblech mit Backpapier setzen.
2/ Das Schokoladenbiskuit in der Größe der Förmchen ausstechen, den Boden der Törtchenringe mit dem Biskuit auslegen.
3/ Von der Sahne 200 ml abmessen, mit den Lavendelblüten erhitzen und 8 bis 10 Minuten ziehen lassen.
4/ Die restliche Sahne (280 ml) steif schlagen und kühl stellen.
5/ Eigelbe, Ei, Zucker und Salz im Wasserbad bis etwa 65 °C erwärmen und mit der Küchenmaschine schaumig schlagen.
6/ Die Kuvertüre in der Mikrowelle oder im Wasserbad schmelzen.
7/ Die Lavendelsahne durch ein feines Sieb passieren, mit der flüssigen Kuvertüre mischen und mit einem Stabmixer emulgieren.
8/ Von der geschlagenen Sahne ein Drittel unter die lauwarme (!) Schokoladenmasse rühren; anschließend die restliche geschlagene Sahne und den Eierschaum unterheben.
9/ Die Mousse in die vorbereiteten Ringe füllen, die Oberfläche glatt streichen und die Törtchen frosten.
10/ Die Ringe von außen mit den Händen anwärmen, und die Törtchen von unten herausdrücken.
12/ Den Kakao über die Törtchen sieben und etwa 2 Stunden bei Zimmertemperatur auftauen lassen.

macarons mit hibiskus- und lavendelblüten, schokolade und brombeeren

Rezept für ca. 8 Macarons

Für die Macaronschalen:

5 g Hibiskusblüten
3 Eiweiß
250 g Puderzucker
140 g süße Mandeln, sehr fein gerieben

1/ Die Hibiskusblüten in einem Mörser zerkleinern. Die groben Stücke aus dem feinen Blütenstaub heraussieben und entfernen.
2/ Das Eiweiß zu einem zarten Schnee schlagen.
3/ Puderzucker, Mandeln und Hibiskusblüten mischen und unter den Eischnee rühren. Die Masse so lange weiterrühren, bis eine zähflüssige Konsistenz erreicht ist.
4/ Den Ofen auf 130 °C vorheizen.
5/ Mit einem Spritzbeutel etwa 5 cm große Kreise der Masse auf ein Backpapier spritzen.
6/ Die Macarons 20 Minuten bei Zimmertemperatur trocknen lassen.
7/ Anschließend etwa 10 bis 15 Minuten backen. Die Macaronschalen abkühlen lassen.

Für die Lavendelganache:

100 ml Orangensaft
100 ml Sahne
1 TL Lavendelblüten
40 g Zucker
100 g Milchkuvertüre
200 g Bitterkuvertüre, mit fruchtiger Note
70 g Butter
500 g Brombeeren
30 g Puderzucker

1/ Den Orangensaft und die Sahne mit den Lavendelblüten und dem Zucker aufkochen und 8 Minuten ziehen lassen. Durch ein feines Sieb passieren und die Kuvertüre darin schmelzen.
2/ Mit einem Schneebesen gut verrühren und die weiche Butter unterrühren. Die Ganache eventuell ein paar Minuten im Kühlschrank abkühlen lassen. Dabei immer wieder mit einem Schneebesen durchrühren, um eine stabile, geschmeidige Creme zu erhalten.
3/ Die Brombeeren nebeneinander aufssetzen, Puderzucker in ein Sieb geben und die Brombeeren damit bestäuben.
4/ Die Hälfte der Macaronschalen in der Mitte mit der Ganachecreme füllen, den Rand der Macaronschalen mit den Brombeeren belegen und eine zweite Macaronschale als Deckel aufsetzen.

baumkuchenspitzen mit lavendelhonig

Rezept für 1 Backblech (ca. 1500 g)

50 ml Kondensmilch
1 TL Lavendelblüten
30 ml Creme de Cacao, weiß (Likör)
200 g Butter
80 g Marzipanrohmasse
100 g Weizenstärke
8 Eier
130 g Lavendelhonig
110 g Zucker
1 g Salz
125 g Mehl
500 g Zartbitterschokolade
Kornblumenblüten

1/ Den Ofen auf 220 °C Oberhitze vorheizen.
2/ Die Kondensmilch mit den Lavendelblüten erhitzen und 5 Minuten ziehen lassen.
3/ Die Kondensmilch durch ein feines Sieb passieren und zusammen mit dem Creme de Cacao nach und nach unter die Marzipanrohmasse arbeiten.
4/ Die Butter und das Marzipan schaumig schlagen, die Eier trennen und nach und nach die Eigelbe zur Marzipanmasse geben.
5/ Das Eiweiß mit dem Honig, dem Zucker und dem Salz steif schlagen, die Weizenstärke unterrühren.
6/ Die beiden Massen vermischen und das Mehl unterheben.
7/ Ein Backblech mit Backpapier auskleiden.
8/ Etwa 4 bis 5 Esslöffel der Baumkuchenmasse auf dem Papier gleichmäßig verteilen und im Ofen auf höchster Schiene etwa 4 Minuten goldbraun backen.
9/ Auf die gebackene Schicht die gleiche Menge Baumkuchenmasse aufstreichen und wieder backen. Diesen Vorgang wiederholen, bis die Baumkuchenmasse aufgebraucht ist. Danach die Baumkuchenplatte abkühlen lassen.
10/ Den Baumkuchen in 3 bis 4 cm breite Streifen, und diese dann in Trapeze schneiden.
11/ Die Schokolade in der Mikrowelle schmelzen; sie sollte gerade aufgelöst sein, sie darf nicht zu warm werden (max. 31 °C).
12/ Die Baumkuchenspitzen mit einer Gabel in die Schokolade tauchen und mit Hilfe einer zweiten Gabel auf ein Backpapier setzen. Jeweils eine Kornblumenblüte aufsetzen, bevor die Schokolade fest wird.
13/ Mit der restlichen Schokolade können Sie z.B. Mandelsplitter mit Rosmarin machen.

Mein Tipp
Durch den Schokoladenüberzug bleiben die Baumkuchenspitzen schön frisch. Sie sind etwa 3 Wochen haltbar.

aprikosen-lavendeltartelettes

Rezept für ca. 10 Törtchen

15 Aprikosen
5 g Lavendelblüten
Etwas Salz
Etwas Zimtblüte
100 g Butter
100 g Zucker
150 g Mehl

Bereiten Sie die Tartelettes vor wie im Rezept »Erdbeertartelettes mit Pistaziencreme und frischer Rauke«, Seite 136. Die Aprikosen werden bei diesen Tartelettes mitgebacken.
Für die Vanillecreme (Seite 136) ist hier die halbe Menge der angegebenen Zutaten ausreichend.

1/ Den Ofen auf 180 °C vorheizen.
2/ Die Aprikosen waschen und halbieren. In jede Tartelette drei halbe Aprikosen setzen; die Lavendelblüten darüberstreuen.
3/ Butter, Zucker, Salz und Zimtblüte mischen, Mehl unterkneten und daraus Streusel herstellen.
4/ Die Streusel ebenfalls auf den Tartelettes verteilen.
5/ Die Tartelettes ca. 35 Minuten auf der unteren Schiene im Ofen goldbraun backen.

Mein Tipp
Diese Tartelettes kann man sehr gut einfrieren. Bei Bedarf einfach 2 bis 3 Stunden bei Zimmertemperatur auftauen.

Koriander

Koriander (coriandrum sativum), ist eine schon Jahrtausende v. Chr. als Gewürz verwendete einjährige krautige Pflanze, die weltweit als Heil- und Gewürzpflanze verbreitet ist und volkstümlich auch als Arabische oder Asiatische Petersilie bezeichnet wird; ursprünglich möglicherweise aus dem Mittelmeerraum. Frisches Korianderkraut, das scharfbitter schmeckt, sieht der glattblättrigen Petersilie ähnlich. In der asiatischen Küche wird es noch mehr verwendet als in der europäischen, wo als Gewürz eher der Samen des Koriander verbreitet ist. Das Aroma von Blättern und Samen unterscheidet sich jedoch stark. Koriander kann im Garten oder im Topf gezogen werden; frisches Kraut bekommt man besonders leicht in Asialäden. Koriander ist auch in Curry-Pulver enthalten.

melonen-sahnetörtchen mit koriander

Rezept für ca. 12 Törtchen

Für die Mandel-Rouladenmasse:

200 g Marzipanrohmasse
40 ml Wasser
2 Eier
3 Eiweiß
Etwas Vanillezucker
30 g Zucker
Etwas Salz
40 g Mehl
25 g Butter

1/ Den Backofen auf 220 °C vorheizen.
2/ Die Marzipanrohmasse mit dem Wasser glatt verarbeiten und dann zusammen mit dem Vanillezucker und den Eiern schaumig schlagen.
3/ Das Eiweiß mit Salz und Zucker zu einem zarten Schnee schlagen.
4/ Die Marzipan-Eimasse mit dem Eischnee und dem Mehl vermischen und dann unter die erhitzte Butter heben.
5/ Die Masse auf zwei mit Backpapier belegte Bleche streichen und etwa 6 Minuten goldbraun backen.
6/ Die Roulade in 5 cm breite Streifen schneiden und Rand und Boden der Törtchenringe damit auslegen.

Für das Melonentörtchen:

1 Cantaloup-Melone
(nach Belieben auch eine Honigmelone)
1 Limette, unbehandelt
1 Bund Koriander, frisch
60 g Rohrzucker
9 Blatt Gelatine
500 ml Sahne
100 g Melonensirup
40 g Zucker

1/ Die Melone halbieren, mit einem Esslöffel die Kerne herauslösen, und mit einem Kugelausstecher Melonenbällchen ausstechen.
2/ Das restliche Fruchtfleisch mit einem Löffel von der Schale lösen. Für die Sahne werden 350 g Melonenfruchtfleisch benötigt (notfalls noch Melonenbällchen dazugeben).
3/ Das Fruchtfleisch mit einem Mixer pürieren.
4/ Die Limette mit heißem Wasser abwaschen, abtrocknen, die Schale abreiben und den Saft auspressen.
5/ Den Koriander waschen, trocken tupfen und fein hacken. Mit dem Rohrzucker und der Limettenschale mischen.
6/ Die Gelatine in reichlich kaltem Wasser mindestens 5 Minuten einweichen.
7/ Die Sahne steif schlagen.
8/ 30 g Limettensaft, Melonensirup und die ausgedrückte Gelatine bis etwa 45 °C erwärmen und gut mischen.
9/ Das Melonenpüree unterrühren und die Masse unter die steif geschlagene Sahne rühren.
10/ Die Melonensahne mit dem Korianderzucker abschmecken.
11/ Die Sahnecreme bis 1cm unter den Rand in die vorbereiteten Törtchenringe füllen und im Kühlschrank mindestens 3 Stunden fest werden lassen.
12/ Danach die Ringe von den Törtchen lösen, die Melonenbällchen mit dem restlichen Limettensaft mischen und auf die Törtchen setzen. Mit Korianderzucker bestreuen.

knusprige mangomousse-torte mit koriander

Rezept für eine Torte mit 26 cm Durchmesser

Für den Knusperboden:

70 g Puffreis
30 g Zartbitterkuvertüre, 60% Kakao
50 g Nougatcreme
20 ml Pflanzenöl, neutral, z.B. Rapsöl

1/ Kuvertüre und Nougatcreme in der Mikrowelle oder im Wasserbad schmelzen und mit dem Öl und dem Puffreis mischen.
2/ Einen Tortenring unten und am Rand mit Backpapier auslegen, die Knuspermasse einfüllen und glatt streichen. Den Boden kurz kühl stellen, damit er fest wird.

Für die Mangomousse:

½ Bund Koriander
400 ml Sahne
8 Blatt Gelatine
3 Eiweiß
1 Prise Salz
70 ml Wasser
200 g Zucker
20 g Limettensaft
30 ml Weißwein
350 g Mangopüree,
(am besten schmeckt TK-Ware)
12 Physalis/Kapstachelbeeren

1/ Den Koriander waschen und trocken tupfen, ein paar kleine Blätter beiseite legen, den Rest fein hacken.
2/ Die Sahne steif schlagen.
3/ Die Gelatine in reichlich kaltem Wasser einweichen.
4/ Die Eiweiße mit Salz und 80 g Zucker steif schlagen.
5/ Den restlichen Zucker mit dem Wasser zum Kochen bringen und so lange weiterkochen, bis eine sirupartige Konsistenz erreicht ist.
6/ Den heißen Zucker unter ständigem Rühren in den Eischnee laufen lassen. Den Eischnee noch 5 Minuten weiter schlagen.
7/ Die Gelatine mit dem Wein und dem Limettensaft bis etwa 45 °C erwärmen.
8/ Das Mangopüree dazugeben und in den Eischnee rühren, mit dem gehackten Koriander abschmecken.
9/ Die steif geschlagene Sahne unterheben.
10/ Die Mousse in den Ring füllen, glatt streichen und mindestens 3 Stunden im Kühlschrank fest werden lassen.
11/ Den Tortenring vorsichtig lösen, das Backpapier entfernen und in 12 Stücke teilen. Jedes Stück mit einer Physalis und mit einem Korianderblatt dekorieren.

salbei

Salbei (salvia officinalis), ist ein herb-würziges, silbrigblättriges Kraut, das am besten frisch oder eingefroren schmeckt, getrocknet weniger gut. Beim Braten und Schmoren entwickelt Salbei besonders gut sein Aroma und passt zu deftigen Suppen, zu Fleisch- oder Fischgerichten ebenso wie zu Süßspeisen mit Äpfeln oder Erdbeeren. Wie die meisten Küchenkräuter ist auch Salbei als Medizinalpflanze bedeutend; er wirkt heilend auf die Schleimhäute von Mund, Rachen und Magen. Salbei kann im Garten gut selbstgezogen werden, ist auch als Topfpflanze erhältlich und muss im Winter vor Frost geschützt werden. Frischen Salbei erhält man im Bund auf Wochenmärkten oder im gut sortierten Lebensmittelhandel.

salbei-daquoise mit himbeeren und lindenhonig

Rezept für ca. 12 Törtchen

3 Eiweiß
1 g Salz
60 g Honig
100 g Zucker
150 g süße Mandeln, gerieben
8 g Salbeiblätter
500 g Himbeeren
Etwas flüssiger Lindenhonig
Etwas Puderzucker zum Bestäuben

1/ Den Ofen auf 200 °C vorheizen.
2/ Die Eiweiße mit dem Salz und dem Honig steif schlagen.
3/ Die Salbeiblätter waschen, den Stielansatz entfernen und fein schneiden.
4/ Zucker und Mandeln mit dem Salbei mischen und unter den Eischnee heben.
5/ Die Masse etwa 1,5 cm dick auf ein Backpapier aufstreichen und etwa 8 bis 10 Minuten goldbraun backen.
6/ Die Daquoise in 5 mal 7 cm große Rechtecke schneiden, mit den Himbeeren belegen.
7/ Die Daquoise leicht mit Puderzucker bestäuben und angewärmten Honig spinnennetzartig darüberträufeln.

salbei-karamellbonbons

300 g Zucker
40 g Butter
12 große Salbeiblätter

1/ Die Salbeiblätter waschen und gut trocken tupfen. Die Blätter in sehr feine Streifen schneiden.
2/ Einen Esslöffel Zucker in einem Topf zum Schmelzen bringen. Wenn der Zucker flüssig ist, den nächsten Esslöffel Zucker dazugeben, usw. bis der komplette Zucker geschmolzen ist.
3/ Sofort die Butter hinzufügen, durchrühren, bis die Molke der Butter verdampft ist und dann die geschnittenen Salbeiblätter dazugeben.
4/ Die Karamellmasse durchrühren und auf ein Backpapier gießen.
5/ Die Karamellmasse ist nun immer noch heiß. Ziehen Sie sich zwei Paar Latex-Handschuhe an und drücken Sie das Backpapier so zusammen, dass das Karamell von der Seite in die Mitte gedrückt wird, bis Sie eine formbare Zuckerkugel geknetet haben.
6/ Den Karamell nun in einen fingerdicken Strang rollen und ziehen und diesen mit einer Schere in 1,5 cm breite Stücke schneiden.

Mein Tipp
Sollte der Zuckerstrang zu schnell abgekühlt sein und sich nicht mehr schneiden lassen, können Sie den Strang auch mit einem Spachtel in gleichmäßig große Stücke hauen.

salbei-honigparfait mit erdbeersauce

Rezept für 6 Portionen

Für das Parfait:

1 Blatt Gelatine
1 Ei
2 Eigelb
75 g Honig
20 g Zucker
1 Prise Salz
8 g Salbeiblätter
200 ml Sahne

1/ Die Gelatine in kaltem Wasser einweichen.
2/ Die Sahne steif schlagen.
3/ Das Ei, die Eigelbe, Honig, Zucker und Salz im Wasserbad unter ständigem Rühren bis 65 °C erwärmen und mit einer Küchenmaschine schaumig schlagen.
4/ Die Salbeiblätter waschen, trocken tupfen und sehr fein hacken.
5/ Die Gelatine mit 2 Esslöffeln der geschlagenen Sahne in einem Topf schmelzen und in die schaumige Eiermasse geben.
6/ Die Eiermasse mit der Sahne und den Salbeiblättern mischen und in Förmchen, Gläser oder eine Eisbombenform füllen und gefrieren.
7/ Zum Servieren aus der Form stürzen und ein paar Minuten antauen lassen.

Für die Erdbeersauce:

250 g Erdbeeren
(frisch oder tiefgekühlt)
50 g Himbeeren
60 g Zucker
etwas Zitronensaft

1/ Die Erdbeeren waschen, putzen und grob schneiden. Zusammen mit dem Zucker und den Himbeeren mit einem Mixer fein mixen und durch ein Sieb streichen.

Mein Tipp
Für ein Pfefferminzparfait eignet sich das gleiche Rezept. Hierfür empfehle ich, den Honig wegzulassen und die Zuckermenge auf 85 g zu erhöhen.

rosmarin

Rosmarin (rosmarinus officinalis), ist ein Strauch mit starkem Duft, der an den Küsten des Mittelmeers wächst und in mittelmeerischen Kräutermischungen nie fehlt. Man verwendet die nadelartigen, ledrigen Blättchen des etwas bitter-herb aromatischen Krauts in der Küche sparsam. Zweige eignen sich zum Einlegen und Marinieren von Speisen oder zum Grillen und Füllen von Fisch und Geflügel. Man kann Rosmarin im Garten selbst ziehen oder erhält ihn als Topfpflanze in Gartencentern und häufig in Supermärkten.

sablés mit rosmarin

Rezept für ca. 80 Stück

5 g frische Rosmarinnadeln
400 g Butter
160 g Puderzucker
4 g Salz
3 g frische Rosmarinnadeln
2 Eigelb
450 g Mehl
300 g Zucker

1/ Die Rosmarinnadeln waschen, trocken tupfen und sehr fein hacken.
2/ Die weiche Butter mit dem Puderzucker, Salz, Rosmarin und den Eigelben verrühren.
3/ Das Mehl unterkneten.
4/ Den Teig als flaches »Päckchen« geformt in eine Frischhaltefolie packen und kühl stellen, bis er fest wird.
5/ Den festen Teig noch einmal gut durchkneten, in 4 gleich große Stücke teilen und diese zu einer gleichmäßig dicken, etwa 30 cm langen »Wurst« rollen.
6/ Den Rosmarin mit 300 g Zucker mischen und die Teigwürste noch einmal in dieser Mischung rollen.
7/ Den Teig erneut kalt stellen, bis er wieder fest wird.
8/ Scheiben von etwa 1 cm schneiden, auf ein mit Backpapier belegtes Backblech setzen. Mit dem Daumen die Mitte jedes Sablés ein wenig eindrücken.
9/ Bei 170 °C etwa 12 Minuten goldgelb backen.

torte von bayerischer creme mit karamell und in honig gebratenen rosmarin-aprikosen

Dies ist das Originalrezept von der Weltmeisterschaft der Konditoren 2006, die ich mit diesem Rezept erfolgreich bestritten habe. Nur die optische Aufbereitung war noch etwas aufwändiger als hier angegeben.

torte von bayerischer creme mit karamell und in honig gebratenen rosmarin-aprikosen

Zwei ausgestochene »Sacherkapseln« mit 26 cm Durchmesser (Rezept siehe Seite 148)
250 g Schokoladenglasur (Rezept Seite 148)
150 g Späne aus Zartbitterschokolade
100 ml Sahne

Für die gebratenen Aprikosen:

600 g Aprikosen
25 g Rosmarinzweige, frisch
25 g Butter
50 g Blütenhonig
20 g Zucker
2 EL Zitronensaft
8 ml Honigwein
2 Blatt Gelatine
140 g Aprikosenpüree

1/ Den Ofen auf 200 °C vorheizen

2/ Ein Backblech oder eine feuerfeste Form mit den Rosmarinzweigen auslegen.

3/ 400 g Aprikosen waschen, halbieren und den Stein entfernen, mit der Hautseite nach oben auf das Backblech oder in die Form setzen.

4/ Butter und Honig schmelzen, die Aprikosen damit bestreichen, dann etwa 15 Minuten im heißen Ofen braten, bis die Früchte eine ansprechende Farbe bekommen haben.

5/ Die Gelatine in reichlich kaltem Wasser einweichen.

6/ 200 g Aprikosen kreuzweise einritzen und in kochendem Wasser 10 Sekunden blanchieren. Sofort in kaltem Wasser abschrecken und die Haut abziehen.

7/ Die Aprikosen entsteinen, mit dem Zucker, Zitronensaft und Honigwein mischen und pürieren.

8/ Die Gelatine in den noch warmen, gebratenen Aprikosen schmelzen. Das Aprikosenpüree zugeben, gut durchrühren und die Masse in einen mit »Sacherkapsel« ausgelegten Tortenring füllen.

9/ Die Aprikosen mit der zweiten »Sacherkapsel« abdecken.

torte von bayerischer creme mit karamell und in honig gebratenen rosmarin-aprikosen

Für die Bayerische Creme mit Karamell und Rosmarin:

1 EL Rosmarinnadeln
4 Blatt Gelatine
150 g Zucker
150 ml Milch
600 ml Sahne
2 g Salz
6 Eigelbe

1/ Die Rosmarinnadeln waschen und trocken tupfen.
2/ Die Gelatine in kaltem Wasser einweichen.
3/ Den Zucker in einem Topf schmelzen, das heißt nach und nach in den Topf geben, bis er karamellisiert und flüssig wird. Dabei mit einem Holzkochlöffel umrühren.
4/ Wenn der Zucker komplett geschmolzen ist, den Rosmarin zugeben und sofort einen Schluck Milch zugießen. Vorsicht: es entsteht viel heißer Dampf!
5/ Nach und nach die restliche Milch und 150 ml von der Sahne zufügen.
6/ Die Karamellmilch zum Kochen bringen, und die heiße Milch unter ständigem Rühren in die Eigelbe gießen und diese Mischung erneut bis 85 °C erhitzen und durch ein feines Sieb passieren.
7/ Den »Fond« im kalten Wasserbad abkühlen, bei 50 °C die eingeweichte Gelatine zugeben und weiter bis auf etwa 35 °C abkühlen.
8/ Die verbleibenden 450 ml Sahne steif schlagen und den Fond vorsichtig unterziehen.
9/ Die Bayerische Creme nun in den Tortenring auf die zweite »Sacherkapsel« geben und glatt streichen.
10/ Die Torte für mindestens 4 Stunden kühl stellen oder frosten.

1/ Den Tortenring mit einem Fön von außen anwärmen, und den Tortenring nach oben abziehen; die Torte auf ein Gitter setzen.
2/ Die Schokoladenglasur erwärmen, die Torte damit überziehen und den Rand mit den Schokoladenspänen bestreuen.
3/ Die Torte in 12 bis 16 Stücke einteilen.
4/ 100 ml Sahne steif schlagen, und eine Sahnerosette auf jedes Stück aufspritzen.

mandelsplitter mit rosmarin

Rezept für ca. 40 Mandelsplitter

300 g Mandelsplitter
1 EL Kirschwasser
12 g Rosmarinnadeln
30 g Puderzucker
150 g Zartbitterkuvertüre, 60% Kakao

1/ Die Mandeln mit dem Kirschwasser mischen.
2/ Die Rosmarinnadeln waschen und nach Belieben klein schneiden.
3/ Mandeln, Rosmarin und Puderzucker mischen und auf einem mit Backpapier belegten Blech im Ofen bei 160 °C etwa 10 Minuten goldbraun rösten, dann abkühlen lassen. Durch das Rösten werden die Rosmarinnadeln ebenfalls schön knusprig und sind angenehm zu essen, deshalb müssen sie nicht unbedingt kleingeschnitten werden.
4/ Die Kuvertüre in der Mikrowelle schmelzen; sie sollte gerade aufgelöst sein und darf nicht zu warm werden (max. 31 °C).
5/ Die Kuvertüre mit den gerösteten, zimmerwarmen Mandeln mischen und mit zwei Kaffeelöffelchen Häufchen auf ein Backpapier setzen.

Mein Tipp
Die Mandelsplitter halten sich etwa zwei Monate, wenn Sie so lange widerstehen können!

geranien

Geranie ist der populär verwendete Name für Pelargonien, die zu den Storchschnabelgewächsen (griech. pelárgos, Storch) gehören. In der feinen Küche werden die Rosen-Pelargonie (pelargonium graveolens), und die Duftgeranie (pelargonium odoratissimum) wegen ihres betörenden Dufts, der an Zitronen und Äpfel erinnert, verwendet. Die Pflanze hat kleine weiße oder weiß-rosa Blüten an zarten Ranken. Es gibt weitere Duftpelargonien mit unterschiedlichen Duftnoten, die sich oft erst entfalten, wenn man die Blätter zwischen den Fingern reibt.

kalt gerührte erdbeerkonfitüre mit duftgeranien

Rezept für ca.
6 Gläser á 240ml

1 kg Erdbeeren
10 Blätter Rosengeranie
500 g Zucker
½ Zitrone, unbehandelt
25 g Apfelpektin

1/ Erdbeeren und Geranienblätter waschen. Die Erdbeeren putzen und halbieren, die Geranienblätter vom Stielansatz befreien und grob schneiden.
2/ Die Zitrone mit heißem Wasser waschen. Das Gelbe der Schale abreiben und den Saft auspressen.
3/ Die Erdbeeren mit den Geranienblättern, der Zitronenschale und mit 450 g Zucker mischen und mindestens 1 Stunde ziehen lassen, danach fein pürieren.
4/ Den restlichen Zucker (50 g) mit dem Pektin mischen und anschließend in die Konfitüre rühren. Die Konfitüre weitermixen und den Zitronensaft zugeben.
5/ Die Konfitüre in Gläser füllen.

Mein Tipp
Im Kühlschrank hält sich diese Konfitüre etwa 14 Tage.

rosengeranienzucker

500 g Zucker
10 Blätter Rosengeranie

1/ Die Rosengeranienblätter waschen und trocken tupfen. Die Blätter etwas anwelken lassen und mit dem Zucker mischen.
2/ Mindestens 4 Tage ziehen lassen; dabei die ersten drei Tage den Zucker mischen, damit er nicht verklumpt.
3/ Der Rosengeranienzucker eignet sich zum Süßen von Obstsalat, Erdbeeren, Melonen, Sahne und Pudding sowie für Sandkuchen und Biskuitböden.

zitronen-gras

Zitronengras (cymbopogon citratus) kennen wir inzwischen alle zumindest von Besuchen in asiatischen Restaurants oder von Reisen in diese Länder. Es ist aus der südasiatischen Küche nicht wegzudenken. Die harten Halme und Ansätze der Blätter geben Gerichten aller Art, vegetarischen wie auch Fisch- oder Fleischgerichten ein unverwechselbares Aroma. Zitronengras schmeckt frisch sehr viel gehaltvoller, kann aber auch in Stücken getrocknet oder als Pulver in der Küche verwendet werden. Man erhält es frisch besonders leicht in Asialäden. Als Tee wird es in der Geschmacksrichtung »Lemongras« angeboten.

kokos-zitronengrascupcake mit frischkäse-pfirsichtopping

Rezept für ca. 10 Cupcakes

Für den Cupcake:

5 Stängel Zitronengras
230 g Butter
3 Eier
1 g Salz
200 g Zucker
50 g Tropfen aus weißer Schokolade
¼ Limette (Saft und Schale)
160 g Kokosraspeln
75 g Mehl

1/ Die Zitronengrasstängel waschen und mit einem schweren Topf zerquetschen.
2/ Die Butter schmelzen und zusammen mit dem Zitronengras aufkochen und 10 Minuten ziehen lassen.
3/ Die Eier aufschlagen und das Eiweiß vom Eigelb trennen.
4/ Die Limette mit heißem Wasser abwaschen und ein Viertel der Schale abreiben, sowie ein Viertel des Safts auspressen.
5/ Das Eigelb mit 120 g Zucker, Limettenschale und -saft cremig aufschlagen.
6/ Das Eiweiß mit dem restlichen Zucker und dem Salz zart aufschlagen.
7/ Mehl, Kokosraspeln und die weißen Schokoladentropfen mischen.
8/ Die Eigelbmasse mit der Hälfte des Eischnees verrühren und das Kokos-Mehl-Gemisch unterheben.
9/ Die Butter durch ein feines Sieb passieren und unterheben.
10/ Zum Schluss die andere Hälfte des Eischnees vorsichtig unterheben.
11/ Die Masse in Muffinförmchen aus Papier füllen und im vorgeheizten Ofen bei 180 °C etwa 25 bis 30 Minuten backen.

Für das Frischkäse-Pfirsichtopping:

2 Pfirsiche
80 g weiche Butter
40 g Puderzucker
2 EL Orangensaft
300 g Frischkäse

1/ Einen Topf mit Wasser zum Kochen bringen.
2/ Einen Pfirsich kreuzweise einritzen und für 5 Sekunden in das kochende Wasser tauchen. Den Pfirsich sofort mit kaltem Wasser abschrecken. Den Pfirsich häuten, vom Stein befreien und in Würfel schneiden.
3/ Die Butter mit dem Puderzucker und dem Orangensaft schaumig schlagen und die Pfirsichwürfel unterheben.
4/ Mit zwei Esslöffeln Nocken formen und auf die Cupcakes setzen.
5/ Den zweiten Pfirsich in kleine Würfel schneiden und die Cupcakes damit dekorieren.

zitronengrastörtchen mit passionsfrucht

Rezept für ca. 15 Törtchen

½ Wiener Boden,
siehe Rezept Seite 149
(oder vom Konditor, möglichst in
2 Scheiben geschnitten)
80 ml Wasser
80 g Zucker
5 Passionsfrüchte
100 g Aprikosenkonfitüre
5 Stängel Zitronengras
1000 ml Sahne
80 g Zucker
5 Blatt Gelatine
200 g süße Mandeln, gehobelt

1/ Den Wiener Boden mit einem Ausstecher vom gleichen Durchmesser wie die Ringförmchen ausstechen. Die Reststücke in gleichmäßig große Würfel schneiden.
2/ Wasser und Zucker aufkochen (d. i. Läuterzucker).
3/ Die Passionsfrüchte in der Mitte aufschneiden, mit einem Teelöffel das Fruchtfleisch herauslösen.
4/ Die Aprikosenkonfitüre glattrühren und mit dem Läuterzucker und dem Passionsfruchtmark mischen. Etwa 6 Esslöffel von dieser Sauce beiseite stellen.
5/ Die Zitronengrasstängel waschen und mit einem schweren Topf zerquetschen. 350 ml Sahne abmessen, mit dem Zitronengras aufkochen und 8 Minuten ziehen lassen.
6/ Unterdessen die Gelatine in reichlich kaltem Wasser einweichen, dann ausdrücken und in der heißen Zitronengrassahne schmelzen.
7/ Den Zucker zugeben und durchrühren.
8/ Die restlichen 650 ml Sahne steif schlagen.
9/ Die Zitronengrassahne sollte jetzt eine Temperatur von 30 bis 40 °C haben.
10/ Die flüssige Zitronengrassahne in die steif geschlagene Sahne einrühren.
11/ In die Ringe je einen Biskuit einlegen, bis zur Hälfte mit der Sahnefüllung auffüllen.
12/ Eine Schicht Biskuitwürfel (oder einen zweiten Biskuitboden) aufsetzen und die Passionsfruchtsoße darauf verteilen. Die restliche Sahne auffüllen und mindestens 3 Stunden im Kühlschrank fest werden lassen.
13/ Die Mandeln im Ofen bei 160 °C etwa 7 Minuten goldgelb rösten.
14/ Ein Geschirrtuch in heißes Wasser tauchen und um einen Törtchenring legen. Nach ca. 20 bis 30 Sekunden kann man den Ring problemlos vom Törtchen abheben.
15/ Den Törtchenrand mit den gerösteten Mandeln bestreuen und mit der restlichen Passionsfruchtsauce garnieren.

panna cotta mit zitronengras und aprikosen-kompott

Rezept für ca. 4-6 Portionen

Für die Panna Cotta:

1 Stängel Zitronengras
3 Blatt Gelatine
350 ml Sahne
150 ml Milch
50 g Zucker

1/ Den Zitronengrasstängel mit einem schweren Topf zerquetschen.
2/ Die Gelatine in reichlich kaltem Wasser einweichen.
3/ Die Sahne und Milch mit dem Zucker und dem Zitronengras aufkochen und 5 Minuten ziehen lassen.
4/ Die gekochte Sahne durch ein feines Sieb passieren und die Gelatine in der heißen Sahne schmelzen. Gut durchrühren, in Gläser füllen und für mindestens 3 Stunden kühl stellen.

Für das Aprikosen-Kompott:

300 g reife Aprikosen
30 g Butter
Mark von 1 Vanilleschote
50 g Honig
2-3 El Aprikosengeist
etwas Saft von ½ Zitrone

1/ Aprikosen halbieren, Kerne entfernen. Hälften je nach Größe nochmals halbieren bzw. dritteln.
2/ Butter in einer breiten Pfanne zerlassen, Aprikosenstücke sowie Vanillemark hinein geben und darin anschwitzen.
3/ Den Honig zufügen und die Aprikosen damit glasieren.
4/ Das Ganze mit Aprikosengeist ablöschen, das Kompott in eine Schüssel umfüllen, mit etwas Zitronensaft abschmecken und abkühlen lassen.

quarkstrudel mit zitronengras und ananas

Rezept für einen Strudel (Backblechlänge)

Für den Strudelteig:

160 g Mehl
35 g Butter
8 g Zucker
2 g Salz
1 Ei
35 ml Wasser

1/ Alle Zutaten intensiv miteinander verkneten, bis ein glatter, elastischer Teig entstanden ist.
2/ Den Strudelteig in Frischhaltefolie packen und ruhen lassen.

Für die Strudelfüllung:

180 ml Sahne
1 Stängel Zitronengras
½ Zitrone, unbehandelt, nur die Schale
½ Ananas
Etwas Mehl
50 g Butter
80 g flüssige Butter
500 g Magerquark
3 Eier
130 g Zucker
2 g Salz
30 g Puddingpulver
50 g Weichweizengrieß

1/ Am Vortag schon die Sahne mit dem Zitronengrasstängel aufkochen, zuvor den Zitronengrasstängel mit einem schweren Topf zerquetschen, und über Nacht im Kühlschrank ziehen lassen.
2/ Den Backofen auf 200 °C vorheizen.
3/ Die Zitrone mit heißem Wasser waschen, trocken reiben und das Gelbe der Schale abreiben.
4/ Die Ananas schälen, den Strunk entfernen und in feine Stifte schneiden.
5/ Den Strudelteig rechteckig ausrollen und auf dem Handrücken dünn ausziehen. Den ausgezogenen Teig auf ein bemehltes Geschirrtuch legen, 50 g Butter schmelzen und den Teig damit bestreichen.
6/ Die Zitronengrassahne steif schlagen. Dazu muss sie mindestens 24 Stunden reifen (!)
7/ Die Eier trennen und das Eiweiß mit 80 g Zucker und dem Salz zu einem zarten Schnee schlagen.
8/ Unterdessen das Puddingpulver mit dem Zucker mischen und unter den Quark rühren; ebenso die flüssige Butter und die Eigelbe in den Quark rühren.
9/ Die steif geschlagene Sahne und den Eischnee zusammen vorsichtig unter die Quarkmasse heben. Die Quarkmasse gleichmäßig auf dem Strudelteig verteilen. Dabei an drei Seiten einen Rand von etwa 2 cm frei lassen.
10/ Die Ananas mit dem Weichweizengrieß mischen und auf dem oberen Drittel des Teigrechtecks verteilen.
11/ Den Strudel von oben her zusammenrollen und mit dem Geschirrtuch auf ein mit Backpapier ausgelegtes Backblech setzen. Erst auf dem Blech den Strudel vom Geschirrtuch herunterrollen.
12/ Das Ei verquirlen und den Strudel damit bestreichen. Mit einem kleinen Messer oder einer Stricknadel Löcher im Abstand von etwa 4 cm in den Strudel stechen.
13/ Den Strudel bei 200 °C etwa 20 Minuten backen. Sobald der Strudel anfängt, sich in die Höhe auszudehnen, sofort aus dem Ofen nehmen und 20 Miuten abkühlen lassen. Den Strudel nun ein zweites Mal, etwa 8 Minuten, weiterbacken – wieder bis sich der Strudel leicht hebt –, erneut 20 Minuten abkühlen lassen und ein drittes Mal in den Ofen schieben und backen.
14/ Den Strudel vor dem Schneiden abkühlen lassen.

zitronen-
melisse

Die Zitronenmelisse oder Melisse (melissa officinalis) ist im östlichen Mittelmeergebiet und in Westasien heimisch und liebt warme und trockene Standorte. Die zarten randgezackten Blättchen werden vor der Blüte abgezupft und werten mit ihrem zitrusartigen Aroma kalte Getränke, Saucen, Salate, Kompotte und andere Süßspeisen auf. Natürlich können sie auch für Tee verwendet werden. Zitronenmelisse bekommt man vorgezogen im Topf; man kann sie im Garten auch selbst anbauen.

sandkuchen mit zitronenmelisse

Rezept für 6-8 Gläser

1 Bund Zitronenmelisse
1 Zitrone, unbehandelt
120 g weiche Butter
80 g Sauerrahm
3 Eier
200 g Zucker
1 g Salz
140 g Mehl
30 g Speisestärke
4 g Backpulver

1/ Den Ofen auf 180 °C vorheizen.
2/ Die Zitronenmelisse waschen, trocken tupfen, die Blätter abzupfen und fein hacken.
3/ Die Zitrone mit heißem Wasser abwaschen, abtrocknen und die Schale abreiben.
4/ Die Eier mit dem Zucker und dem Salz im Wasserbad bis 60 °C erwärmen und anschließend in der Küchenmaschine etwa 5 Minuten schaumig schlagen.
5/ Die weiche Butter mit der Zitronenschale, Zitronenmelisse und dem Sauerrahm mischen.
6/ Das Mehl mit dem Backpulver und der Speisestärke mischen und durchsieben.
7/ Die Butter unter den Eierschaum ziehen, das Mehl unterheben und die Masse in kleine Portionsgläser füllen.
8/ Den Kuchen bei 180 °C etwa 25 Minuten goldbraun backen.

blaubeerkonfitüre mit zitronenmelisse

Ergibt 3 Gläser à 240 ml

500 g Blaubeeren
1 Orange, unbehandelt
1-2 EL Zitronenmelisse
300 g Gelierzucker
8 g Apfelpektin
20 ml Gin
15 ml Zitronensaft

1/ Die Zitronenmelisse waschen, trocken tupfen, in feine Streifen schneiden und mit Gin und Zitronensaft mischen

2/ Die Orange mit heißem Wasser abwaschen, das Orangene der Schale abreiben und den Saft auspressen.

3/ Die Blaubeeren in ein Sieb schütten, eventuell vorhandene Blätter und Ästchen entfernen und mit kaltem Wasser abbrausen.

4/ Die Blaubeeren mit 250 g Zucker mischen und 1 Stunde ziehen lassen. Zusammen mit dem Orangensaft aufkochen.

5/ Die restlichen 50 g Zucker mit dem Pektin mischen und in die Konfitüre rühren. Die Orangenschale ebenfalls zugeben und 4 Minuten weiterkochen.

6/ Danach die Konfitüre mit dem Gin-Zitronensaft-Melissen-Gemisch abschrecken und die Konfitüre sofort in sterile Gläser füllen, verschließen und stürzen.

7/ Nach 5 Minuten die Gläser umdrehen und vor dem Einräumen abkühlen lassen.

fenchel
erinnert im Geschmack ein wenig an Hustenbonbons und wird in der Küche am häufigsten als Samen verwendet.

holunder
auch regional Flieder oder Holler genannt, ist bei uns heimisch; seine Blüten und Früchte finden in der Küche Verwendung.

langer pfeffer
gilt heute eher als exotisches Gewürz, das in Asialäden zu bekommen ist.

lorbeer
bekrönte im Altertum ehrenhaft Häupter und wird heute meist getrocknet für alle Arten von Speisen verwendet.

petersilie
gehört hierzulande zu den populärsten und am häufigsten verwendeten Gartenkräutern, das in der süßen Küche eher noch ungewöhnlich ist.

rauke (rucola)
wächst in unseren Gärten und ist völlig anspruchslos, hat einen scharf-würzigen Geschmack und ist nicht nur als Salat beliebt.

ringelblume
bei uns als ein- bis zweijährige Pflanze mit intensiv gelben Blüten bekannt, färbt Lebensmittel gelb und wird in Teekräutermischungen als Schmuckdroge eingesetzt.

rosen
wachsen inzwischen überall in unseren Gärten als Zierpflanzen, so dass ungespritzte Blütenblätter gut in der Küche verwendet werden können.

sternanis
aus Asien ist vielseitig für Süßspeisen, aber auch für Fisch- und Fleischgerichte verwendbar und wird meist getrocknet angeboten.

vanille
aus der Familie der Orchideen, also tropischen Ursprungs, ist eines der bekanntesten und beliebtesten Würzmittel für Süßspeisen und Gebäck; man verwendet das Mark der Schoten oder die ganzen Schoten.

waldmeister
bei uns heimisch, wird verwendet für Maibowle, Sekt und Likör, aber auch für die Herstellung von Sirup und für das Würzen von Räucherfleisch und Würsten.

ysop
erinnert an Minze und aromatisiert neben Süßspeisen Salate und Gemüse.

kräuter-macarons

Rezept für jeweils 25 Macarons

Für die Macaronschalen:

3 Eiweiß
250 g Puderzucker
140 g süße Mandeln, sehr fein gerieben
eventuell Lebensmittelfarbstoff

Grundrezept

1/ Das Eiweiß zu einem zarten Schnee schlagen.
2/ Puderzucker und Mandeln mischen und unter den Eischnee rühren. Die Masse so lange weiterrühren, bis eine zähflüssige Konsistenz erreicht ist.
3/ Nach Belieben mit Lebensmittelfarbe (grün, rosa usw.) einfärben.
4/ Den Ofen auf 140 °C vorheizen.
5/ Mit einem Spritzbeutel etwa 2 cm große Tupfen der Masse auf ein Backpapier spritzen. Die Macarons 20 Minuten bei Zimmertemperatur trocknen lassen. Anschließend etwa 10 bis 13 Minuten backen.
6/ Die Macaronschalen abkühlen lassen.
7/ Die abgekühlten Macaronschalen nach Belieben mit folgenden Cremes füllen. Dafür auf die Hälfte der Macaronschalen jeweils die Creme geben, eine zweite Macaronschale als Deckel aufsetzen.

Mein Tipp

Die Macarons kann man sehr gut in einer luftdichten Dose einfrieren und bei Bedarf auftauen. Im Kühlschrank halten sich die Macarons etwa zwei Tage.

280 g Buttercreme (Seite 147)
20 g Blütenblätter von Bio-Duftrosen
5 ml Maraschino

ROSEN-MACARONS

Füllung für rosa gefärbte Macaronschalen.
Die Rosenblütenblätter fein hacken und mit dem Maraschino unter die Buttercreme rühren.

250 g Buttercreme (Seite 147)
40 g sehr herbe Kuvertüre oder Kakaomasse
2 Tropfen Pfefferminzöl (aus der Apotheke)

SCHOKOLADEN-MINZ-MACARONS

Füllung für dunkelbraun gefärbte Macaronschalen.
Die Kuvertüre oder Kakaomasse in der Mikrowelle oder im Wasserbad schmelzen und mit der Buttercreme und dem Minzöl mischen.

280 g Buttercreme (Seite 147)
40 ml Ramazotti

RAMAZOTTI-MACARONS

Füllung für ocker gefärbte Macaronschalen.
Ramazotti nach und nach unter die Buttercreme rühren.

200 g Buttercreme (Seite 147)
80 g Bananenfruchtfleisch
20 ml Limettensaft
15g Petersilie, glatt

BANANEN-PETERSILIEN-MACARONS

Füllung für grün gefärbte Macaronschalen.
Die Petersilie waschen, trocken tupfen und sehr fein hacken. Die Banane mit einer Gabel zerdrücken, mit dem Limettensaft mischen und zusammen mit der Petersilie unter die Buttercreme rühren.

waldmeisterbowle

Rezept für ca. 1 Liter

1 Bund Waldmeister
25 g Zucker
750 ml Grauburgunder, z.B. von der Mosel
½ Zitrone, unbehandelt
375 ml Rieslingsekt

1/ Den Waldmeister waschen, trocken tupfen und ein paar Stunden anwelken lassen.
2/ Den Grauburgunder leicht anwärmen (30 °C), mit dem Zucker mischen und den Waldmeister 30 Minuten darin ziehen lassen, anschließend durch ein Sieb passieren.
3/ Die Zitrone mit heißem Wasser waschen, in Scheiben schneiden und in den Wein geben.
4/ Den Wein kühl stellen und erst kurz vor dem Servieren mit Sekt aufgießen.

kräuterlimonade

Rezept für ca. 1,8 Liter

1 Vanilleschote
700 ml Wasser
200 g Zucker
2 Stück langer Pfeffer
4 Kardamomkapseln, grün
2 Sternanis
1 EL frische Pfefferminzblätter
2 EL frische Zitronenmelissblätter
1 EL frische Ysopblätter
1El frische Brennesselblätter
300 ml Apfelsaft
700 ml Mineralwasser

1/ Die Vanilleschote längs aufschlitzen und das Mark herauskratzen.
2/ Wasser, Zucker und Gewürze aufkochen. Die Kräuter waschen, mit dem heißen Wasser übergießen und 15 Minuten ziehen lassen.
3/ Die Kräuter in dem Sud mit einem Pürierstab etwas zerkleinern, damit sich das Aroma besser entfaltet.
4/ Den Sud durch ein Sieb passieren, abkühlen lassen, dann mit Apfelsaft und Mineralwasser aufgießen und servieren.

lucca-augen mit fenchel und kirschkompott

Rezept für ca. 12 Stück

Für die Brandmasse:

125 g Butter
250 ml Milch
Salz, Zitronenschale, Muskatblüte
250 g Mehl
7 Eier
100 g süße Mandeln, gehackt

1/ Den Ofen auf 190 °C vorheizen.
2/ Butter, Milch und Gewürze aufkochen.
3/ Das Mehl zugeben und unter ständigem Rühren weiter erhitzen, bis sich auf dem Topfboden ein weißer Belag bildet.
4/ Die Masse etwas abkühlen lassen und nach und nach die Eier zugeben.
5/ Die Teigmasse mit einem Spritzbeutel und einer großen Sterntülle (etwa 8 bis 12) in etwa 8 cm große Kreise auf ein Backpapier aufspritzen und mit den Mandeln bestreuen.
6/ Den Ofen auf 170 °C hinunterschalten und die Ringe etwa 35 Minuten goldbraun backen. Dabei keinesfalls den Ofen öffnen!
7/ Die Lucca-Augen abkühlen lassen, vor dem Füllen waagerecht mit einem scharfen Brotmesser halbieren.

Für das Kirschkompott:

150 g Sauerkirschen, TK-Ware
20 g Zucker
¼ TL Speisestärke
3 EL Fruchtsaft
1 Prise Zimtblüte, gemahlen

1/ Die Kirschen auftauen lassen und den Saft absieben.
2/ Den Kirschsaft mit dem anderen Fruchtsaft und dem Zucker aufkochen.
3/ Die Stärke mit ein wenig Flüssigkeit anrühren, zum kochenden Saft geben und diesen abbinden.
4/ Die Kirschen zugeben und mit etwas Zimtblüte abschmecken.
5/ Das Kompott abkühlen lassen.

Für die Fenchelsahne:

4 Blatt Gelatine
550 ml Sahne
2 Fenchelteebeutel
40 g Zucker

1/ Die Gelatine in reichlich kaltem Wasser einweichen.
2/ Von der Sahne 150 ml abnehmen und mit dem Zucker zum Kochen bringen, den Fencheltee zugeben und 8 Minuten ziehen lassen.
3/ Die Fenchelsahne durch ein feines Sieb passieren.
4/ Die Gelatine ausdrücken, in die heiße Sahne geben und schmelzen, danach die Sahne bis etwa 30 °C abkühlen lassen.
5/ Die restlichen 400 ml Sahne steif schlagen.
6/ Die flüssige Fenchelsahne unter die geschlagene Sahne ziehen, das Kirschkompott und die Fenchelsahne sofort in die aufgeschnittenen Brandteigringe füllen.
7/ Die Deckel auf das gefüllte Gebäck setzen und die Lucca-Augen leicht mit Puderzucker bestäuben.

crème brulée mit ringelblumenblüten, mandarinengelee und camparischaum

Rezept für ca. 4-6 Portionen

Für den Mandarinengelee:

6 Blatt Gelatine
50 g Zucker
40 ml Wasser
200 ml Mandarinensaft
15 ml Mandarinenlikör, z.B. Mandarine Napoleon

1/ Die Gelatine mindestens 5 Minuten in kaltem Wasser einweichen.
2/ Wasser und Zucker aufkochen und die eingeweichte Gelatine darin schmelzen.
3/ Mandarinensaft und -likör zugeben, in eine kleine Schüssel füllen und einige Stunden kühl stellen.
4/ Den festen Gelee aus der Schüssel stürzen und in Würfel schneiden.

Für den Camparischaum:

½ Blatt Gelatine
4 Eigelb
80 g Zucker
30 ml Campari
40 ml Grenadine

1/ Die Gelatine mindestens 5 Minuten in kaltem Wasser einweichen.
2/ Eigelbe, Zucker, Campari und Grenadine unter ständigem Rühren leicht erwärmen, bis sich der Zucker löst.
3/ Die Gelatine darin schmelzen und die Masse in eine Sahne-Siphonflasche füllen.
4/ Eine Gaspatrone einschrauben und kräftig schütteln. Die Masse in der Flasche abkühlen lassen.

Für die Crème brulée:

1 EL Ringelblumenblüten
75 g Zucker
200 ml Milch
250 ml Sahne
8 Eigelb
80 g brauner Zucker

1/ Die Ringelblumenblüten mit dem Zucker in einem Mörser zerkleinern.
2/ Milch, Sahne, Eigelbe und den Ringelblumenzucker mischen und mit einem Stabmixer emulgieren.
3/ Die Masse in Kokotten (feuerfeste Steinzeugförmchen), Espresso- oder Kaffeetassen füllen und im Ofen bei 75 bis 80 °C etwa 45 Minuten stocken lassen.
4/ Den braunen Zucker auf der Crème verteilen und mit einem Bunsenbrenner karamellisieren.

1/ Die Crème brulée erst kurz vor dem Anrichten mit braunem Zucker karamellisieren. Die Tassen oder Kokotten (feuerfestes Steinzeug) in der Mitte eines Desserttellers platzieren.
2/ Die Siphonflasche noch einmal kräftig schütteln und den Schaum um das Gefäß spritzen.
3/ Die Mandarinengeleewürfel auf dem Schaum verteilen.

ringelblumencupcake mit frischen blaubeeren

Rezept für ca. 10 Cupcakes

Für den Cupcake:

15 g Ringelblumenblätter
130 g Mehl
100 g Puddingpulver
3 g Natron
4 g Backpulver
50 g Schmand
120 g weiche Butter
100 g Öl
1 Orange, unbehandelt (nur die Schale)
3 g Salz
200 g Zucker
4 Eier

Für das Topping:

350 g Buttercreme
(Rezept siehe Seite 147)
300 g Blaubeeren

1/ Den Backofen auf 180 °C vorheizen.
2/ Die Ringelblumenblätter mit einem Teil des Zuckers in einem Mörser fein zerstoßen.
3/ Mehl, Puddingpulver, Natron und Backpulver mischen und durchsieben.
4/ Die Orange mit heißem Wasser abwaschen, trocken tupfen und mit einer Reibe die orangene Schale abreiben.
5/ Die Eier mit der Orangenschale, den Ringelblumenblüten, dem Salz und dem Zucker schaumig schlagen.
6/ Butter, Schmand und Öl zugeben und das Mehl-Puddingpulvergemisch unterheben.
7/ Die Masse in Muffinförmchen aus Papier füllen und im vorgeheizten Ofen bei 180 °C etwa 25 bis 30 Minuten backen.

Die Beeren waschen und mit einem Küchentuch vorsichtig trocken tupfen.
Die weiche Buttercreme auf die abgekühlten Cupcakes aufspritzen und die Cakes mit den Beeren garnieren.

Mein Tipp:
Die Ringelblumencupcakes kann man sowohl mit getrockneten, als auch mit frischen Ringelblumenblättern zubereiten. Im Winter schmecken anstelle der Beeren auch Mandarinen sehr gut dazu.

kräuterbitter-lebkuchen

Rezept für ca. 25 Stück

Für den Honigkuchen:

250 g Honig
50 g brauner Zucker
180 g Mehl (Type 405 oder 550)
180 g Roggenmehl (Type 997)
10 g Honigkuchengewürz
4 g Pottasche
4 g Hirschhornsalz
6 EL Wasser

1/ Den Honig etwas anwärmen, bis er klar und dickflüssig ist. Mehl, Zucker und Honigkuchengewürz unterkneten.
2/ Den Teig in eine Frischhaltefolie wickeln und mindestens 2 Tage ruhen lassen. (Traditionell lässt man einen Honigkuchenteig 6 Monate reifen.)
3/ Pottasche und Hirschhornsalz jeweils mit 3 EL kaltem Wasser unbedingt getrennt voneinander (!) auflösen und nacheinander unter den Honigkuchenteig kneten.
4/ Den Teig 3 mm dünn ausrollen und in 3 mal 7 cm große Rechtecke schneiden.
5/ Die Teigstücke auf ein mit Backpapier belegtes Backblech setzen und bei 180 °C etwa 12 Minuten goldbraun backen.

Mein Tipp
Honigkuchen ist nach dem Backen trocken und fest. Er muss erst wieder weich werden, indem er an einem feuchten Ort gelagert wird. Ideal ist es, die Stücke nebeneinander auf Backpapier oder Frischhaltefolie offen im Kühlschrank 1 bis 2 Tage ziehen zu lassen, bis sie weich sind.

Für die Füllung und den Überzug:

50 g süße Mandeln, gehackt
400 g Marzipanrohmasse
300 g Aprikosenkonfitüre
75 ml Kräuterbitter (z.B. Jägermeister)
600 g Zartbitterkuvertüre, 60% Kakao

1/ Die Mandeln im Backofen bei 160 °C etwa 8 Minuten goldgelb rösten und abkühlen lassen.
2/ Marzipanrohmasse, Konfitüre und Kräuterbitter verkneten und mit einem Spritzbeutel einen dicken Strang auf die Honigkuchen spritzen.
3/ Die Kuvertüre in der Mikrowelle schmelzen; die Schokolade sollte gerade so aufgelöst sein. Sie darf nicht zu warm werden (max. 31 °C).
4/ Die Honigkuchen mit einer Gabel in die Schokolade tauchen und mit Hilfe einer zweiten Gabel auf ein Backpapier setzen. Mit den gerösteten Mandeln bestreuen.

galliano-mandeltorte

Rezept für eine Torte mit 26 cm Durchmesser

400 g Mürbeteig
(Rezept siehe Seite 136)
Etwas Butter und Mehl für die Backform

Für die Mandelmasse:

175 g weiche Butter
½ Zitrone, unbehandelt (nur die Schale)
175 g Zucker
1 g Vanille gemahlen oder das Mark einer Vanilleschote
1,5 g Salz
4 Eier
175 g süße Mandeln, gemahlen
25 g Mehl

1/ Den Ofen auf 170 °C vorheizen.
2/ Eine Kuchenform innen mit flüssiger Butter ausstreichen und bemehlen. Überschüssiges Mehl aus der Form klopfen.
3/ Den Mürbeteig dünn ausrollen und die Form damit auskleiden.
4/ Die Zitrone mit heißem Wasser abwaschen, trocken reiben und das Gelbe der Schale abreiben.
5/ Butter, Zucker und Gewürze schaumig schlagen, dabei nach und nach die Eier zugeben.
6/ Die Mandeln mit dem Mehl mischen und unter die Buttermasse heben.
7/ Die Masse in die vorbereitete Form geben, glatt streichen und bei 170 °C etwa 35 Minuten goldbraun backen.

Für die Gallianotränke:

60 ml Galliano L'Autentico 42,3% Vol. (Kräuterlikör)
45 g Zucker
90 ml Wasser

1/ Das Wasser mit dem Zucker aufkochen und abkühlen lassen.
2/ Den Galliano zugeben und den Kuchen damit tränken.

Für die Gallianocreme:

40 ml Galliano L'Autentico 42,3% Vol.
80 g Marzipanrohmasse
350 g Buttercreme
(Rezept siehe Seite 147)

1/ Den Galliano nach und nach unter die Marzipanrohmasse kneten.
2/ Die Buttercreme mit der Marzipanmasse mischen, und diese Creme auf der Torte verstreichen.
3/ Mit dunklen Schokoladenspänen bestreuen.

chartreuse-sahnetorte mit kirschen

Rezept für eine Tarte mit 26 cm Durchmesser

Für den Nussboden:

3 Eier
50 g Butter
2 g Salz
1 g Vanille, gemahlen
½ Zitrone (nur die Schale)
2 g Zimt
1 Eiweiß
100 g Zucker
100 g Haselnüsse, gemahlen
30 g Mehl
30 g Zartbitterschokolade, fein gehackt

1/ Den Ofen auf 180 °C vorheizen.
2/ Die Eier trennen.
3/ Die Butter mit den Gewürzen schaumig schlagen, dabei nach und nach die Eigelbe zugeben.
4/ Eiweiß nach Zugabe von Zucker und Salz steif schlagen.
5/ Die Hälfte des Eischnees unter die Buttermasse heben.
6/ Nüsse, Mehl und Schokolade mischen, ebenfalls unterheben, zuletzt die zweite Hälfte Eischnee vorsichtig untermischen.
7/ Die Masse auf zwei mit Backpapier belegte Backbleche kreisrund (26 cm Durchmesser) aufstreichen und etwa 10 Minuten backen.

Für das Kirschkompott:

200 g Sauerkirschen, TK-Ware
30 g Zucker
½ TL Speisestärke
5 EL Fruchtsaft
1 Prise Zimtblüte, gemahlen

1/ Die Kirschen auftauen lassen und den Saft absieben.
2/ Den Kirschsaft mit dem anderen Fruchtsaft und dem Zucker aufkochen.
3/ Die Stärke mit ein wenig Flüssigkeit anrühren, zum kochenden Saft geben und diesen abbinden.
4/ Die Kirschen zugeben und mit etwas Zimtblüte abschmecken.
5/ Einen gebackenen Nussboden in einen Tortenring legen, das Kirschkompott darauf verteilen und den zweiten Boden darauflegen. Mit der Chartreusesahne füllen.

Für die Chartreusesahne:

60 ml Chartreuse gelb (Kräuterlikör*)
45 g Farinzucker (oder halb Zucker, halb Honig)
3 Blatt Gelatine
400 ml Sahne

1/ Die Gelatine in kaltem Wasser einweichen.
2/ Die Sahne steif schlagen.
3/ Den Chartreuse mit dem Zucker erwärmen, die eingeweichte Gelatine zugeben und schmelzen. Den Alkohol mit 2-3 Esslöffel geschlagener Sahne »angleichen« und unter die restliche geschlagene Sahne heben.
4/ Die Chartreusesahne auf den zweiten Nussboden im Tortenring füllen und ein paar Stunden fest werden lassen.

***Dieser Kräuterlikör wird seit 1605 von Kartäuser-Mönchen des Klosters Grand Chartreuse bei Grenoble nach geheimem Rezept aus 130 verschiedenen Gewürzen, Kräutern, Rinden, Wurzeln zubereitet. Nur zwei Mönche jeweils kennen das Rezept, so dass mindestens einer von ihnen das Rezept jeweils an die nächste Generation weitergeben kann.**

lorbeer-kaffee-schokoladenaufstrich

Etwa 2 Gläser à 400 g

300 ml Kaffee
60 g Zucker
4 frische Lorbeerblätter
2 Zimtstangen
¼ Vanilleschote
200 ml Pflanzenöl
100 ml Moccalikör (Kahlúa)
150 g Milchkuvertüre
150 g Bitterkuvertüre

1/ Den Kaffee, Zucker und die Gewürze aufkochen und um die Hälfte reduzieren.
2/ Den »Gewürzkaffee« durch ein feines Sieb passieren.
3/ Die Schokolade schmelzen und alle Zutaten mit einem Stabmixer emulgieren
4/ Den Schokoladenaufstrich in Gläser füllen und kühl lagern.

Mein Tipp

Der Aufstrich hält sich etwa 4 Wochen.

erdbeertartelettes mit pistaziencreme und frischer rauke

Rezept für ca. 10 Tartelettes

Für den Mürbeteig:

100 g Zucker
200 g Butter
300 g Mehl
2 g Salz
½ Mark einer Vanilleschote
etwas Zitronenabrieb

1/ Butter, Zucker und Gewürze miteinander verkneten.
2/ Das Mehl dazugeben und den Teig kneten, anschließend kühl stellen.

Für die Vanillecreme:

500 ml Milch
30 g Butter
40 g Maisstärke
(oder Puddingpulver)
75 g Zucker
2 Eigelb
1½ Mark einer Vanilleschote
Etwas Salz

1/ Alle Zutaten unter ständigem Rühren aufkochen und 1 Minute sprudelnd kochen lassen.
2/ Die Vanillecreme mit Frischhaltefolie abdecken und abkühlen lassen. Anschließend durch ein feines Sieb passieren.

Füllung für die Törtchen (Tartelettemasse):

300 g Vanillecreme
120 g Marzipanrohmasse
270 g Butter
35 g Weizenstärke
(oder Puddingpulver)
25 g Zucker
2 Eier
1 Eiweiß
Etwas Salz,
Zitronenabrieb
und Vanillemark

1/ Die Vanillecreme nach und nach mit der Marzipanrohmasse verkneten. Alle anderen Zutaten dazugeben und schaumig schlagen.
2/ Den Mürbeteig dünn ausrollen und kleine, flache Förmchen damit auslegen.
3/ Die Masse etwa 1 cm dick darauf verteilen und die Törtchen bei 180 °C auf der unteren Schiene etwa 25 Minuten goldbraun backen.
4/ Die Törtchen abkühlen lassen und aus der Form nehmen.

Füllung für die Pistaziencreme:

200 g Vanillecreme
50 g Pistazienmark oder
80 g fein gemahlene,
geröstete Pistazien
10 ml Kürbiskernöl
Etwas Ölivenöl

1/ Alle Zutaten miteinander verrühren.
2/ Die Creme auf die Törtchen aufspritzen und mit frischen, geviertelten Erdbeeren und frischer Rauke (Rucola) belegen.
3/ Ein paar Tropfen fruchtiges Olivenöl über die Tartelettes träufeln.

absinth-makronen

Rezept für ca. 8 Makronen

Für die Macarons:

4 Eiweiß
100 g Zucker
40 g Weizenstärke
150 g Puderzucker
75 g süße Mandeln, sehr fein gerieben
25 g fein geriebene Haselnüsse

1/ Eiweiß und Zucker steif schlagen.
2/ Die Weizenstärke unterrühren.
Puderzucker, Mandeln und Haselnüsse mischen und vorsichtig unter den Eischnee heben.
3/ Mit einem Spritzbeutel mit großer Lochtülle etwa 8 cm große Spiralen auf ein Backpapier aufspritzen.
4/ Die Macarons etwa 15 bis 20 Minuten bei 160 °C backen.
5/ Die Macaronschalen abkühlen lassen.

Für die Absinthbuttercreme:

500 g Buttercreme (Rezept Seite 147)
60 ml Absinth
5 rohe Pistazien

1/ Den Absinth unter die Buttercreme rühren.
2/ Die Hälfte der Macaronschalen mit der Buttercreme füllen und eine zweite Macaronschale als Deckel aufsetzen.
3/ Als Dekor eine kleine Rosette mit der Buttercreme aufspritzen und jeweils mit einer halben Pistazie garnieren.

apfelstrudel mit wiesenkräutersauce

Rezept für ca. 8 Portionen

Möglichst am Vortag schon den Strudelteig (siehe Seite 108) herstellen und die Äpfel für die Füllung (s.u.) schälen, schneiden und marinieren.

Für die Strudelfüllung:

40 g Sultaninen
80 g alter Rum, 72% Vol.
1 Zitrone, unbehandelt
1000 g Äpfel (Topaz oder Elstar)
80 g Mandeln, gehackt, geröstet

1/ Die Sultaninen in warmem Wasser waschen, abtropfen lassen und zusammen mit dem Rum in eine verschließbare Dose füllen. In der Mikrowelle etwas anwärmen und die Sultaninen im Rum ziehen lassen.
2/ Die Zitrone mit heißem Wasser waschen, trocken reiben und die Hälfte der gelben Schale abreiben. Den Saft auspressen.
3/ Die Äpfel schälen, vierteln, vom Kerngehäuse befreien und in feine Scheiben schneiden, mit dem Zitronensaft, der Zitronenschale, den Mandeln und den Rum-Sultaninen über Nacht im Kühlschrank ziehen lassen.
4/ Den Backofen auf 200 °C vorheizen.

50 g Butter
100 g Kuchenbrösel (von Sandkuchen, Biskuit oder Keksen)
100 g Zucker
8 g Zimt gemahlen
150 g Sahne
1 Ei

5/ Den Strudelteig rechteckig ausrollen und auf dem Handrücken dünn ausziehen. Der Teig sollte fast doppelt so breit wie das Backblech sein. Den ausgezogenen Teig auf ein bemehltes Geschirrtuch legen. Die Butter schmelzen und den Teig damit bestreichen.
6/ Die Sahne steif schlagen.
7/ Die Kuchenbrösel auf den Teig streuen, darauf die Sahne gleichmäßig verteilen.
8/ Die Äpfel ohne Brühe auf dem Strudelteig verteilen, Zucker und Zimt mischen und darüberstreuen.
9/ Den Teig zusammenrollen und in der Mitte halbieren. Die beiden Strudel mit Hilfe des Geschirrtuchs auf ein mit Backpapier belegtes Backblech legen. Die Strudel noch einmal mit bemehlten Händen in Form bringen.
10/ Das Ei verquirlen und die Strudel damit bestreichen.
11/ Bei 200 °C etwa 30 Minuten goldbraun backen.
12/ Die Strudel vor dem Schneiden abkühlen lassen.

Für die Wiesenkräutersauce:

120 ml Milch
120 ml Sahne
50 g Zucker
0,5 g Salz
1 EL Wiesenkräutertee
3 Eigelbe

1/ Alle Zutaten mischen und bis 85 °C »zur Rose abziehen«, das heißt erhitzen, wobei die Sauce leicht sämig wird. Sie darf allerdings nicht zu heiß werden (!), da sie sonst gerinnt.
2/ Die Masse durch ein feines Sieb passieren und im kalten Wasserbad rasch abkühlen.

ausgebackene holunderblüten

Rezept für ca. 4 Portionen

125 g Mehl
175 ml Milch
2 Eier Größe M
1 Msp. Backpulver
1 Prise Salz und 1 Prise Zucker
Abgeriebene Schale von ½ Zitrone
Etwas Zitronensaft
500 ml Sonnenblumenöl zum Frittieren
Puderzucker zum Bestäuben
16 Holunderblütendolden mit Stiel

1/ In einer Schüssel das Mehl mit der Milch glattrühren und kurz quellen lassen.
2/ Die Eier und den Zitronenabrieb dazugeben und mit der Prise Salz, Zucker, Messerspitze Backpulver sowie etwas Zitronensaft abschmecken.
3/ Das Sonnenblumenöl in einem ausreichend großen Topf auf 180°C erhitzen. Blütendolden zweimal in den Teig eintauchen, dabei am Stiel halten und mit der Blütenseite nach unten in das heiße Fett legen. Den Stiel mit einer Schere abschneiden und die Blütendolden goldbraun backen. Mit einer Schaumkelle wenden und von der anderen Seite ebenfalls goldbraun backen.
4/ Die Blütendolden mit der Schaumkelle aus dem Fettbad nehmen, auf Küchenpapier abtropfen lassen, mit Puderzucker bestäuben und sofort servieren.

Mein Tipp
Zum gebackenen Holunder passt anstelle des Puderzuckers auch Ahornsirup, Honig oder Zimt und Zucker!

französisches kräuterbaguette

Rezept für 4 kleine Baguette á 200 g

Die Herstellung erfolgt über 3 Tage.

Tag 1

4 g Kräuter der Provence
10 g Natives Olivenöl

1/ Die getrockneten Kräuter mit dem Olivenöl mischen. Diese Mischung wird erst am nächsten Tag verarbeitet.

500 g Weizenmehl Type 550, ersatzweise 405
150 ml Wasser
9 g frische Hefe

2/ Von der Hefe 1 g in 150 ml kaltem Wasser auflösen und mit 150 g Mehl mischen. Diesen fast flüssigen Vorteig (frz.: Poolish) in einer großen Schüssel mit Deckel 18-24 Stunden bei Zimmertemperatur reifen lassen.

150 ml Wasser
8 g Salz

Tag 2

3/ Die restlichen 9 g Hefe in 150 ml kaltem Wasser auflösen.
4/ Den Vorteig und das Mehl zugeben und kräftig durchkneten.
5/ Die Kräuterpaste und das Salz zugeben und den Teig so lange kneten, bis eine gute Bindung erreicht ist und der Teig sich von der Arbeitsplatte lösen lässt und narbenfrei ist.
6/ Den Teig in vier gleich große Stücke teilen und »rund wirken« (den Teig von außen zur Mitte zusammenschlagen bis man eine runde Kugel erhält).
7/ Den Teig ca. 10 Minuten ruhen lassen. Anschließend in der Länge eines Backblechs ausrollen.
8/ Die Teigstränge auf ein mit Backpapier belegtes Blech legen, etwas bemehlen und mit einem trockenen Geschirrtuch abdecken.
9/ Die »Teiglinge« im Kühlschrank noch einmal 18-24 Stunden reifen lassen.

Tag 3

10/ Den Backofen auf 250 °C vorheizen.
11/ Die Baguettes mit einem scharfen Messer schräg einschneiden und bei Ober- und Unterhitze in die mittlere Schiene des Backofens schieben.
12/ Die Temperatur auf 230 °C zurückschalten und die Baguettes ca. 17 Minuten goldbraun backen.

Mein Tipp

Die Baguettes bleiben durch die Reifezeit lange frisch.

grund-rezepte

cremes, mousses, fonds und saucen

Mit diesen Rezepten können Sie hervorragende Köstlichkeiten auf höchstem Niveau herstellen. Es sind Grundrezepte in unserer Backstube, und sie werden immer wieder variiert. Es lassen sich unzählige köstliche Kreationen daraus zaubern.

Für ein gutes Gelingen brauchen Sie neben Freude an der Sache zwei Dinge: ausreichend Zeit und sehr gute Zutaten – gerade bei Sahne, Eiern, Schokolade und Kräutern. Und Sie sollten Ihre Kreationen unbedingt kühl lagern und – wenn rohes Ei enthalten ist – innerhalb von 24 Stunden verzehren.

Hier verrate ich Ihnen ein Rezept, das sehr vielseitig verwendbar ist und selbstverständlich auch ohne Kräuter gelingt. Damit stellen Sie herrliche Saucen (z.B. Vanillesauce, Basilikumsauce), Cremes, Mousses für Torten, als Dessert oder besonders attraktives Dessert im Glas für einen Stehempfang her:

Schritt 1, der Sahnefond
Mit Vanille hergestellt, erhält man eine sehr hochwertige Vanillesauce. Dieser Sahnefond wird auch als Englische Creme (Crème anglaise) oder als Bayerischer Fond bezeichnet.

Gibt man in den warmen Fond etwas Gelatine und hebt anschließend geschlagene Sahne unter, hat man eine klassische Bayerische Creme hergestellt.

Wenn in dem heißen Fond Schokolade aufgelöst wird – diese muss zuvor etwas erwärmt werden – und anschließend geschlagene Sahne untergehoben wird, entsteht eine cremige Mousse au chocolat. Die Mousse ist bei der Herstellung fast flüssig und wird erst nach 24 Stunden entsprechend fester und je nach Schokoladenart und -menge schnittfest.

Man kann auch eine Bayerische Creme mit Schokolade daraus machen. Hierfür nimmt man etwas weniger Gelatine und weniger Schokolade, da diese beiden Zutaten für die Konsistenz verantwortlich sind.

englische creme

125 ml Milch
125 ml Sahne
50 g Zucker
Salz, Gewürze, Kräuter
50 g Eigelb

Alle Zutaten mischen und bis 85 °C erhitzen. Die Masse durch ein feines Sieb passieren und gegebenenfalls abkühlen.

bayerische creme

300 g Englische Creme
3 Blatt Gelatine
250 ml Sahne, geschlagen

Die Gelatine in reichlich kaltem Wasser einweichen, mit etwas Englischer Creme erwärmen und unter die restliche Englische Creme rühren. Die geschlagene Sahne unterheben und sofort weiterverarbeiten.

buttercreme

3 Eier
Mark von ¼ Vanilleschote
85 g Zucker
250 g weiche Butter
1 Prise Salz

Die Eier aufschlagen. Die Vanilleschote längs aufschneiden und das Mark herauskratzen. Die Eier mit dem Zucker, dem Vanillemark und dem Salz im Wasserbad bis 65 °C erwärmen und anschließend in der Küchenmaschine etwa 5 Minuten schaumig schlagen. Die Butter ebenfalls schaumig schlagen und die schaumige Eiermasse mit der Butter verrühren.

schokoladencreme

300 g englische Creme
Etwa 130 g Zartbitterschokolade

Schnittfeste Einlage für Torten, wird auch Crémeux chocolat genannt.
Beide lauwarmen Zutaten miteinander vermischen, bis diese homogen sind.

mousse au chocolat

300 g englische Creme
450 ml Sahne, geschlagen
350 g Zartbitterschokolade

Aus der Englischen Creme, der Schokolade und einem Teil der geschlagenen Sahne eine homogene Masse herstellen. Die restliche geschlagene Sahne unterheben.

biskuitkapsel

6 Eier
5 g Vanillezucker
170 g Zucker
2 g Salz
70 g Mehl
50 g Weizenstärke

1/ Den Ofen auf 210 °C vorheizen.
2/ Die Eier trennen.
3/ Das Eigelb mit 50 g von dem Zucker und mit dem Vanillezucker schaumig schlagen.
4/ Das Eiweiß mit dem restlichen Zucker zu einem zarten Schnee schlagen.
5/ Mehl und Weizenstärke mischen und durchsieben.
6/ Die Hälfte des Eischnees unter die Eigelbmasse heben, das Mehl zugeben und vorsichtig unterziehen, bis keine Klümpchen mehr vorhanden sind.
7/ Den restlichen Eischnee vorsichtig unterheben.
8/ Die Masse je nach gewünschter Stärke auf ein bis zwei mit Backpapier belegte Backbleche gleichmäßig verstreichen.
9/ Die »Kapsel« bei 210 °C etwa 6 Minuten goldgelb backen.

sacherkapsel

5-6 Eier
140 g Marzipanrohmasse
2 g Salz
2 g Vanille
2 g Zimt
1 Prise Nelke, gemahlen
50 ml Wasser
160 g Zucker
75 g gebrannte Haselnüsse, ersatzweise gehackte Mandeln
50 g Mehl
50 g Kakao
60 g Butter

1/ Den Ofen auf 200 °C vorheizen.
2/ Die Eier trennen.
3/ Die Marzipanrohmasse mit den Gewürzen, dem Wasser und dem Eigelb verkneten und schaumig schlagen.
4/ Das Eiweiß mit dem Zucker zu einem zarten Schnee schlagen.
5/ Die gebrannten Haselnüsse auf ein Backblech geben und mit einem Rollholz klein schlagen. Falls gehackte Mandeln verwendet werden, diese im Ofen goldgelb rösten.
6/ Das Mehl mit dem Kakao und den Haselnüssen oder Mandeln mischen.
7/ Die Hälfte des Eischnees unter die Eigelbmasse heben. Dabei das Mehl unterheben, bis keine Klümpchen mehr vorhanden sind.
8/ Den restlichen Eischnee vorsichtig unterheben.
9/ Zum Schluss die Butter erhitzen und ebenfalls unterheben.
10/ Die Masse je nach gewünschter Stärke auf ein bis zwei mit Backpapier belegte Backbleche gleichmäßig verstreichen.
11/ Die »Kapsel« bei 200 °C etwa 8 Minuten backen.

schokoladenglasur

45 ml Sahne
40 ml Milch
12 g Honig
60 g Nussnougat
60 g Zartbitterkuvertüre in Tropfenform oder zerkleinerte Kuvertüre

1/ Milch, Sahne und Honig aufkochen.
2/ Die Kuvertüretropfen und den Nougat in einen kleinen Messbecher geben, die heiße Sahne zugeben, durchrühren und 5 Minuten stehen lassen.
3/ Die Masse mit einem Stabmixer emulgieren und darauf achten, dass keine Luftblasen eingeschlossen werden.

Mein Tipp

Die Schokoladenglasur kann sofort verwendet werden; man kann sie aber auch einfrieren und bei Bedarf in der Mikrowelle schmelzen.

wiener schokoladenboden

6 Eier
1 g Salz
5 g Vanillezucker
220 g Zucker
170 g Mehl
40 g Kakao
60 g Butter
80 ml Milch
40 g Honig

1/ Den Ofen auf 180 °C vorheizen.
2/ Die Eier mit dem Zucker und den Gewürzen im Wasserbad bis etwa 65 °C erwärmen und anschließend in einer Küchenmaschine etwa 8 Minuten schaumig schlagen.
3/ Mehl und Kakaopulver mischen, durchsieben und unter die Eiermasse heben. Darauf achten, dass keine Mehlklümpchen mehr vorhanden sind.
4/ Die Butter mit der Milch und dem Honig erhitzen, ein Viertel der Biskuitmasse dazugeben und gut durchrühren. Man nennt das »angleichen«.
5/ Diese Masse vorsichtig unterheben.
6/ Einen Tortenring oder eine Springfrom mit Backpapier auskleiden und den Teig einfüllen.
7/ Den Boden auf mittlerer Schiene etwa 25 Minuten goldgelb backen.

wiener boden

½ Zitrone, unbehandelt, nur die Schale
5 Eier
1 g Salz
5 g Vanillezucker
150 g Zucker
100 g Mehl
100 g Weizenstärke
100 g Butter

1/ Den Ofen auf 180 °C vorheizen.
2/ Die Zitrone mit heißem Wasser waschen, abtrocknen und das Gelbe der Schale abreiben.
3/ Die Eier mit dem Zucker und mit den Gewürzen im Wasserbad bis etwa 65 °C erwärmen und anschließend in einer Küchenmaschine etwa 8 Minuten schaumig schlagen.
4/ Mehl und Weizenstärke mischen, durchsieben und unter die Eiermasse heben. Darauf achten, dass keine Mehlklümpchen mehr vorhanden sind.
5/ Die Butter erhitzen und ebenfalls vorsichtig unterheben.
6/ Einen Tortenring oder eine Springform mit Backpapier auskleiden und den Teig einfüllen.
7/ Den Boden auf mittlerer Schiene etwa 25 Minuten goldgelb backen.

knusprige schokoladenstäbchen

Für den Grundteig:

100 g Mehl (Type 550)
45 ml Wasser
26 g Butter
1,5 g Salz
1 g Essig

1/ Alle Zutaten intensiv miteinander verkneten.
2/ Den Teig in Frischhaltefolie einpacken und gekühlt mindestens 30 Minuten ruhen lassen.

Für die Ziehbutter:

80 g Butter, zimmerwarm
18 g Kakao
1 Prise Salz

1/ Butter, Kakao und Salz gut miteinander vermischen und etwa 10 mm dick auf eine Folie aufstreichen. Ziehbutter kühl stellen
2/ Die Ziehbutterplatte zwischen zwei Folienstreifen etwas dünner (etwa 9 mm) ausrollen, damit die Butter geschmeidig wird.

Zubereitung Blätterteig

1/ Den Grundteig doppelt so groß ausrollen und die Butterplatte darin einpacken.
2/ Diesen Blätterteig auf die dreifache Größe ausrollen und so zusammenlegen, dass drei Lagen entstehen.
3/ Den Teig wieder in Frischhaltefolie einschlagen und etwa 10 Minuten ruhen lassen. Diesen Vorgang noch fünfmal wiederholen.
4/ Den Blätterteig mit Zucker bestreuen und sehr dünn (etwa 2 mm) ausrollen und kühl stellen.
5/ Die kalte Blätterteigplatte in etwa 5 mm breite Streifen schneiden und einzeln auf ein Backblech mit Backpapier legen.
6/ Die Oberfläche leicht mit Puderzucker bestäuben und den Teig im vorgeheizten Backofen bei 180 °C etwa 7 Minuten backen.

Mein Tipp

Der Blätterteig kann auch sehr gut auf Vorrat hergestellt und gefrostet gelagert werden.

die buchmacher

Autor
Florian Löwer, 1979 in Aschaffenburg geboren, lernte schon als Knirps bei der Großmutter backen, gewann Leistungswettbewerbe der Handwerksjugend und räumte dann einen Preis nach dem anderen ab.
Schließlich qualifizierte er sich als einziger deutscher Konditormeister für die Weltmeisterschaften in Berlin 2006 und überzeugte auf Rang 3 der Weltbesten mit seinen Kreationen aus der Kräuterküche. 2007 gründete er die erste eigene Konditorei mit Standorten in Aschaffenburg und Hösbach, später eine weitere in Seligenstadt.
Er lebt mit seiner Familie in Mömbris in Franken.

Fotograf und Buchgestalter
Mathias Neubauer, geboren 1970 in Seligenstadt, Lithograph und Grafik-Designer, arbeitet seit 1998 als Grafiker und Fotograf im eigenen Atelier für Kunden im In- und Ausland. Mit seinem Bruder Andreas Neubauer, einem Spitzenkoch, erarbeitete er als Food-Fotograf zahlreiche Fotostrecken für Kunden wie Johann Lafer, »Der Feinschmecker« und den Burda-Verlag. Mehrere Bücher von ihm wurden von der Gastronomischen Akademie Deutschland ausgezeichnet. Mathias Neubauer lebt mit seiner Familie in Seligenstadt am Main.

IMPRESSUM

ISBN 978-3-99011-066-9

Wien · Graz · Klagenfurt
www.styriabooks.de

Bücher aus der Verlagsgruppe Styria gibt es in jeder Buchhandlung und im Online-Shop.

styriabooks.at

Alle Rezepte: **Florian Löwer**
Fotografie & Gestaltung: **Mathias Neubauer**
Lektorat und Kräutertexte: **Maria Verde**
Druck und Bindung: **Druckerei Theiss GmbH, St. Stefan im Lavanttal**

7 6 5 4 3 2 1